Wendelin Schlosser · Das Kind fand eine Blume

Wendelin Schlosser

Das Kind fand eine Blume

Gedichte

AUGUST VON GOETHE LITERATURVERLAG

FRANKFURT A.M. • WEIMAR • LONDON • NEW YORK

Die neue Literatur, die – in Erinnerung an die Zusammenarbeit Heinrich Heines und Annette von Droste-Hülshoffs mit der Herausgeberin Elise von Hohenhausen – ein Wagnis ist, steht im Mittelpunkt der Verlagsarbeit. Das Lektorat nimmt daher Manuskripte an, um deren Einsendung das gebildete Publikum gebeten wird.

Bibliografische Information
der Deutschen Nationalbibliothek

Die Deutsche Nationalbibliothek verzeichnet diese Publikation in der Deutschen Nationalbibliografie; detaillierte bibliografische Daten sind im Internet abrufbar über http://dnb.d-nb.de.

Die Autoren des Verlags unterstützen den Bund Deutscher Schriftsteller e.V., der gemeinnützig neue Autoren bei der Verlagssuche berät. Wenn Sie sich als Leser an dieser Förderung beteiligen möchten, überweisen Sie bitte einen – auch gern geringen – Beitrag an die Volksbank Dreieich, Kto. 7305192, BLZ 505 922 00, mit dem Stichwort „Literatur fördern". Die Autoren und der Verlag danken Ihnen dafür!

Lektorat: Dr. Annette Debold
Gesamtherstellung: Dominic Gaschler
Vorlage Umschlagmotiv: Gila Hanssen / pixelio.de

Websites der Verlagshäuser der
Frankfurter Verlagsgruppe:

www.frankfurter-verlagsgruppe.de
www.frankfurter-literaturverlag.de
www.frankfurter-taschenbuchverlag.de
www.publicbookmedia.de
www.august-goethe-literaturverlag.de
www.fouque-literaturverlag.de
www.weimarer-schiller-presse.de
www.deutsche-hochschulschriften.de
www.deutsche-bibliothek-der-wissenschaften.de
www.haensel-hohenhausen.de
www.prinz-von-hohenzollern-emden.de

Gedruckt auf säurefreiem, alterungsbeständigem Papier, hergestellt aus chlorfrei gebleichtem Zellstoff (TcF-Norm).

Printed in Germany

ISBN 978-3-8372-1323-2

Ein Unternehmen der Holding
FRANKFURTER VERLAGSGRUPPE
AKTIENGESELLSCHAFT
In der Straße des Goethehauses/Großer Hirschgraben 15
D-60311 Frankfurt a/M
Tel. 069-40-894-0 ▪ Fax 069-40-894-194
E-Mail lektorat@frankfurter-literaturverlag.de

Medien- und Buchverlage
DR. VON HÄNSEL-HOHENHAUSEN
seit 1987

Inhalt

Vorwort

Wendelin Schlosser lebt und arbeitet als freier Journalist in Hessen. Mit „Das Kind fand eine Blume" legt er nun nach „Das Leben hat einen tiefen Sinn" seinen zweiten Gedichtband vor. Es ist kein leichtfüßiger Spaziergang über die Oberflächen des Lebens, auf den uns Schlosser in seinem Buch mitnimmt. Es ist eine Pilgerreise, auf der wir mit den Schrecken des 20. Jahrhunderts ebenso konfrontiert werden wie mit den Belang- und Haltlosigkeiten der Gegenwart. Der Gier, der Unvernunft und der Niedertracht des Menschen stehen die bedrohte Schönheit der Natur und die Hoffnung auf Erlösung, wie sie die Frohe Botschaft verkündet, gegenüber. Der tiefen Verzweiflung entrinnend, die sich angesichts der Zeitläufte einstellen mag, kommen wir so zum Ziel der Reise, zu „Gott als Retter in der Not": „Die Auferstehung ist unsere Hoffnung". Daraus ergibt sich eine Zuversicht, die im Buch nicht zu überhören ist, denn „Keine Seele geht verloren".

Schlosser ist jedoch kein „Alleserklärer". Er ist lediglich einer, der sich angesichts von „Wahnsinn pur" den Schneid nicht abkaufen lassen will. Einer, der versucht, aufrecht durch das Leben zu gehen, wovon etwa sein Gedicht „Die Ehre" Zeugnis ablegt: „Und wenn schon die Welt zusammenbricht / Ich bin weder ängstlich / noch bin ich scheu / Ich werde bewahren / mein Gesicht!" Doch ist er auch einer, der selbst weiß, was es heißt, ins Straucheln zu geraten, wie er in „Der Alkohol" freimütig bekundet: „Meine Frau liebt mich immer noch / Obwohl ich fiel in ein tiefes Loch / Wie das Wasser trank ich halt den Wein / Um ohne Hirn und Verstand zu sein."

Warum er die Form des Gedichts wählt, erklärt Schlosser in einem Aphorismus: „Ein Schriftstück braucht eine gewisse Zeitspanne der Verdauung, um in die Blutbahn zu gelangen, ein Gedicht aber geht direkt ins Blut." Es ist diese intravenöse Wirkungsweise, die den Leser die heilende Wirkung des Wortes bei Schlosser spüren lässt. Und dennoch versinken Schlossers Dichtungen trotz des selbstgestellten Anspruchs nie in Tief- oder Trübsinn. Manches kommt sogar recht leichtfüßig daher wie „Der Hase und das Fest" oder „Lüften": „Das Lüften hat bei uns / Tradition, / es lüftet / eine ganze Nation, / es ist Sitte, / es ist ein Brauch, / alle lüften, / wir lüften auch"

Keines der Gedichte wirkt verstiegen, alles bleibt offen einsehbar. Die Holprigkeiten, die sich hier und dort eingestellt haben, setzen die Qualität der Dichtung nicht herunter, sondern dienen ihr eher wie ein Echtheitsbeleg. Der Leser hat es mit den unverfälschten Bekundungen eines aufrechten Kritikers der modernen Welt zu tun, und ist daher angehalten, sich eigene Gedanken zu machen. Am Ende gilt jedoch: „Es wird wieder alles gut"

Die Wissenschaft im Dienste des Bösen

Um zu rauben, um zu morden
Zogen durch das Land Menschenhorden
Man kämpfte damals mit den Fäusten
Dann mit Steinen und mit Keulen
Mit dem Degen, mit Florett
Mit dem Schwert, mit Bajonett
Mit dem geraden und dem krummen Säbel
Spaltete man später dem Menschen den Schädel
Homo sapiens ist eben ein Bandit
Darum erfand er Pulver und Dynamit
Dann erfanden die Menschenaffen
Das Gewehr, die Feuerwaffen
Danach produzierte Homo sapiens Bomben
Um sich zu verstecken in Bunkers, Katakomben
Dann kam ins Spiel der blanke Wahn
Als er entdeckte das Uran
Hochbetrieb hatte der Schreiner und Pietät
Als man freisetzte Radioaktivität
Homo sapiens forschte unaufhaltsam weiter
Die Palette der Vernichtung wurde immer breiter
Er missbrauchte nicht nur Kernenergie
Sondern die Chemie und die Biologie
Das alles hat der Mensch erstellt
Um zu vernichten diese Welt
Die Lunte glimmt, es tickt die Uhr
Hier haben wir den Wahnsinn pur!

Todesurteil

Warum weinst du, mein liebes Bäumchen?
Weshalb bist du so frustriert?
Gell, der Mensch möchte dich verscheuchen
Morgen wirst du exekutiert.

Morgen wird die Säge brummen
Morgen wirst du wohl gefällt
Von dem Menschen, von dem dummen
Der von Bäumen nicht viel hält.

Morgen wird er mit seinen Händen
Dich entfernen aus seinem Hof
Morgen wirst du den Menschen spenden
Weder frische Luft noch Sauerstoff.

Wolfgang Discherl / pixelio.de

Das Kind fand eine Blume

Die Natur steckt seit Jahrzehnten in der Krise,
trotzdem fand das Kind eine Blume auf der Wiese,
es fragte mich: „Opa, was ist denn das,
ist das Heu oder einfach frisches Gras?“
„Die Pflanze heißt ganz einfach Blume,
das wirst du lernen in der Schule,
die Blumen sind ausgestorben, sie sind krepiert,
in Schulbüchern sind die toten Pflanzen illustriert,
der Mensch gab den Blumen keine Chancen,
in dieser Gegend gab es viele Pflanzen,
der Rasenmäher, Schmutz und Dreck,
fegten die letzte Blume weg!
Man zwang die Bienen an den Pestiziden zu lecken,
des Giftes wegen mussten sie halt elend verrecken,
auch die Schmetterlinge sieht man kaum,
auch ihnen nahm man den Lebensraum,
Schmetterlinge gehören zu den Wiesen,
sie sind auf die Blumen angewiesen,
der Mensch hat leider etwas ganz Schlimmes
verbrochen,
er hat den Kreislauf der Natur unterbrochen,
in den Bergen gab es im Sommer Gletscher und Eis,
die Spitzen von den Höhen waren ganz in Weiß,
das Haupt von den Bergen sah aus wie ein Schimmel,
die Bäume wuchsen unaufhaltsam in den Himmel,
der Mensch hat auf die Natur gepfiffen,
endlich hat Homo sapiens begriffen,
dass sein eigenes Leben auf dem Prüfstein steht,
dass es mit dem Rauch und Schmutz nicht so
weitergeht,
dass nicht nur die Natur verschwindet,
wenn er an Geld und Öl sich bindet,

die Wiese war einst voller Farben,
aus den Wunden wurden Narben,
die Wunden tun sich langsam schließen,
diesen Prozess muss man wohl begrüßen,
vor einigen Jahren hätte keiner gedacht,
dass die Natur so einen Schritt nach vorne macht,
mein Enkel, die erste Blume hast du gefunden,
das heißt, die Natur hat den Tiefpunkt überwunden.“

Die Liebe

Blumen blühen und vergehen
Nur die Dornen bleiben der Rose treu
Und die Schönheit, die wir sehen
Ist schnell weg, sie ist wie ein Bambi scheu.

Das Schöne ist arg schnell verschwunden
Ein Augenblick und es ist weg
Der spitze Stachel bleibt gebunden
Er macht sich niemals auf den Weg.

Man träumt heute noch so sehnlich
Von dem heißen, ersten Kuss
Auch die Liebe ist vergänglich
Wie das Wasser in dem Fluss.

Man grübelt nach, man kommt ins Schwitzen
Lass in dein Herz die Dornen rein
Denn der Stachel, er bleibt sitzen
Das Schöne ist sehr schnell vorbei.

Und magst du noch so lange träumen
Voller Sehnsucht vom Liebesort
So tust du nur die Zeit vergeuden
Die Liebe ist für immer fort.

Die Blumen werden wieder kommen
Sie blühen wie immer so wunderbar
Halt sie fest, sie sind schnell zerronnen
Nur der spitze Stachel ist immer da.

Ist die Liebe den Dornen ähnlich
Dann ist der Ablauf mir bewusst
Dann ist die Liebe nicht vergänglich
Dann sitzt sie tief in deiner Brust.

Ist die Liebe einem Stachel ähnlich
Dann spürst du dauernd den Stachelschmerz
Dann ist die Liebe nicht vergänglich
Denn sie sitzt ganz tief in deinem Herz.

Ist die Liebe den Dornen ähnlich
Dann ist diese Liebe nämlich
Weder wie ein Vogel
noch wie ein Bambi scheu
Sie bleibt deiner Seele
für alle Zeiten treu.

Coco Chanel und die Männer

Endlich gab es viel Licht, es wurde hell
Es war nicht die Sonne, es war Chanel
Nach Freiheit wollte Coco Chanel streben
Schmach und Spott musste sie leider erleben.

Eine Frau kann von der Mode nicht viel verstehen
Chanel soll den Laden schließen, sie soll bitte gehen
Man hat sie beleidigt, diskriminiert
Mit Schmähungen hat man Coco traktiert.

Die Männer waren halt außer Rand und Band
Jetzt befand sich die Mode in Frauenhand
Chanel soll verschwinden, sie hat hier nichts zu
suchen
Männer konnten wie ein Rohrspatz schimpfen und
fluchen.

Die Männer streuten ins Getriebe Berge von Sand
Eine Frau hat weder Hirn noch hat sie Verstand
Coco Chanel hat nicht resigniert!
Sie hat genäht, entworfen, kreiert!

Boshafte Männer wurden blass vor Neid und vor
Wut
Es kochte in den Adern das verdorbene Blut
Der Mann, er kann alles, er ist ein Unikat
Er hat was hängen, was die Frau so nicht hat
Das kleine Spätzchen erlaubt dem Mann, Herrscher
zu sein
Es gab ihm auch Wissen, im Bereich Modedesign.

Aphorismen

Der Konsum von heute ist der Sperrmüll von morgen.

Ein Schriftstück braucht eine gewisse Zeitspanne der Verdauung, um in die Blutbahn zu gelangen, ein Gedicht aber geht direkt ins Blut.

Ein geschriebenes Wort kann heilen, es kann auch krank machen; bitte nur das heilende Wort lesen.

Gott und die Natur sind zwei Institutionen. Die Zehn Gebote Gottes präsentieren Liebe, Gerechtigkeit, Barmherzigkeit; die Natur aber kennt diese Begriffe nicht, aus diesem Anlass ist mir Gott lieber als die Natur.

Die Zehn Gebote sind nicht in der Lage das Tier aus uns zu vertreiben, aber sie können die Entwicklung zum Raubtier verhindern.

Die Angst

Die Katze hat es einmal probiert
Es hat ganz prima funktioniert
Sie schlug mit der Pfote auf den Rasen
Schon fing an vor Angst des Hundes Herz zu rasen.

Sie gab ihm deutlich zu verstehen
Sie möchte ihn nie wieder sehen!

Den nächsten Tag traf sie ihn wieder
„Ich zerbreche dir deine Glieder
Ich mache dich schepp, ich mache dich krumm
Du blöder Wachhund, ich bringe dich um!"

Zwei Tage später war unser Hund wieder da
Er lief gedankenlos auf dem Trottoir
Auf einmal zog er eine Fratze
Auf ihn lief zu die böse Katze.

Die Katze sah aus wie ein Bösewicht
Sie fauchte und spuckte ihm ins Gesicht
Sie behandelte den Hund wie eine Maus
Sie fuhr die Krallen aus den Pfoten raus.

Unser Wachhund war leider voller Schreck
Ängstlich suchte er nach einem Versteck
Der Wachhund suchte Schutz, er lief davon
Er erntete Spott, Gelächter und Hohn.

Ein großer Wachhund ohne Courage
Ist eine Schande, eine Blamage!

Ringsum aus allen Hundeschnauzen
Flog mal fröhliches, mal böses Gauzen
Er nahm sich ein Herz, er fasste Mut
Er tat das, was ein Hund eben tut.

Über das Bellen war der Wachhund glücklich und froh
Die Katze suchte das Weite, die Katze, sie floh!
Auch deine Ängste können verschwinden
Du musst wie der Hund Courage mal finden!

Hannelore Lois / pixelio.de

Die Römer und Arminius

Vater, wie konnte Arminius gelingen
Die unschlagbaren Römer zum Rückzug zu zwingen?
Drei Legionen waren stets im Kampf
Sie machten den Germanen richtig Dampf!
Sechzigtausend an der Zahl
Sie waren stark im Feld, im Tal
Schild an Schild kämpfte die kleine Gruppe
Sie war erfolgreich, die Römertruppe!
Schild an Schild kämpfte Zug und Kompanie
Römer hatten Pferde, Kavallerie
Sie hatten eine starke Industrie
Eine Militärmaschinerie!
So eine Streitmacht sah man noch nie!

Mein Kind, sie hatten eine Schwäche
Deswegen zahlten sie die Zeche
Sie befanden sich im fremden Land
Die Landschaft war ihnen unbekannt
Sie gerieten in Hinterhalt
Im fremden Teutoburger Wald!
Mit Schild und Schwert sind sie gekommen
Und vom Schwert auch umgekommen
Wer die anderen bedroht
Findet meistens selbst den Tod!

Man nimmt sogar in Kauf den Tod

Man ging mit fremden Weibern schlafen
Ohne Hose, ohne Hemd
Gott musste die Menschen bestrafen
Menschen gingen eben fremd.

Gott dachte, mit dem Tripper
Geht der Mensch fremd nie wieder!
Fremd zu gehen war für den Menschen gefährlich
Ab jetzt ging er fremd nur einmal jährlich.

Gott dachte, mit Syphilis kommt das Fremdgehen
  zum Erliegen
Die Partner werden sich jetzt ständig treu zu Hause
  lieben
Der Schreck war leider nicht von Dauer
Man war wieder auf der Lauer.

Gott dachte, mit Aids habe ich überspannt den
  Bogen!
Lieber Gott! Die Angst war bei den Menschen
  schnell verflogen!

Die nächste Krankheit ist unterwegs
Sie lässt uns in Ruhe keineswegs
Muss denn Homo sapiens verschwinden?
Um das Fremdgehen zu überwinden?

Ich habe mich geirrt

Ich dachte
das Gesetzbuch
ist außer Kraft
Also bekomme ich
keine Haft!
Der oberste Richter
aber
hat beschlossen
Im Namen
des Volkes
werde ich
erschossen!

Gedenkt meiner

Der Kreis
wird immer kleiner
und kleiner
Bis der Kreis einst ganz
verschwindet
Liebe Kinder
bitte
gedenkt meiner
Wenn man
den Kreis
nicht mehr findet.

Der Mond ist lieb

Der Mond scheint durch das Fenster rein
Er lässt eben mich nicht allein
Heute Nacht hat er es geschafft
Mich zu besuchen in der Haft.

Der Diktator, Justiz und das Gesetz
Haben auf das Schlimmste mich verletzt
Im Knast halten sie mich gefangen
Keinen Besuch darf ich empfangen.

Darum kommt der liebe Mond zu mir
In meine Zelle, in mein Quartier
Der Mond macht vor keinem Gefängnis halt
Er ist eben die höhere Gewalt.

Didi01 / pixelio.de

Der Hahn

Der Hahn kräht am frühen Morgen
Er ist heute nicht gut drauf
Voller Kummer, voller Sorgen
Weckt er heut die Hühner auf.

Es ist schlimm, es ist eine Qual
Der Hahn hat leider keine Wahl
Diesen Tag wird er ewig hassen
Zehn Weiber muss er heut verlassen.

Wir können den Hahn sehr wohl verstehen
Es ist nicht einfach für ihn zu gehen
Zehn hübsche Frauen lässt er im Stich
Darum stöhnt der Gockel so jämmerlich.

Das Feuer brennt, das Wasser ist heiß
Der Gickel ist alt, er ist ein Greis
Man packte den Hahn an seinem Schopf
Und steckte ihn in den heißen Topf.

Himmlische Mutter (Prosa)

Santa Maria
Frau der Barmherzigkeit
Du hast Leid erfahren
Deinen Sohn zu Grabe getragen
Dann kam das Licht
Die Auferstehung
Später hat er dich
Wieder verlassen
Danach kamst du zu ihm
Wenn wir nicht mehr
Weiterwissen
Dann werden wir
Zu dir kommen
Und bei dir bleiben
Du kamst zu deinem Sohn
Wir aber gehen
Zu unserer Mutter!
Keiner geht
Unter deinem Schirm verloren
Wir stehen unter
Deinem Schutz
Bitte für uns
Jetzt und in der Stunde des Todes
Deiner Bitte wegen
Wird Gott alles bewahren
Deus conservat omnia*.

* Gott bewahrt alles.

Wir werden uns wiedersehen

Ich stehe hier, ich bin ganz alleine
Vor mir ist das Niemandsland
Keiner weiß wohl, warum ich weine
Bald bin ich in seiner Hand.

Bald bin ich gewiss bei ihm zu Hause
Ich bleibe eben nicht lange weg
Ich mache nur eine kleine Pause
Dann bin ich wieder auf dem Weg.

Ich werde euch bald wiedersehen
Weil der Herr uns alle mag
Werden wir alle auferstehen
Nach der Schrift am Jüngsten Tag!

Ich werde dich immer lieben

Du hast neulich mich verlassen
Dich begehrt ein fremder Mann
Ich werde niemals deiner hassen
Da ich dich nicht hassen kann.

Ich kann die Liebe dir nicht senden
Den Anschluss habe ich verpasst
Dein Herz ist jetzt in seinen Händen
Und alles, was du noch so hast.

Mein Herz wird für immer offen bleiben
Es gibt in ihm für dich noch Platz
Ich werde lieben, ich werde leiden
Und warten, bist du kommst, mein Schatz!

Ich werde niemals mit dir streiten
Denn voller Glanz ist dein Gesicht!
Der Richter kann die Körper scheiden
Zwei Herzen aber kann er nicht!

Die Werke Gottes

Die Sterne, Mond und das Firmament
Wer hat alles das erstellt?
Gibt es einen Anfang und ein End'?
Wie groß ist die ganze Welt?

Und wenn ein Stern vom Himmel fällt
So geht er gewiss verloren
Wird dann ein neuer Stern bestellt?
Oder wird er neu geboren?

Gottessterne fallen ständig runter
Warum gibt es sie immer noch?
Man sagt, es geschehen keine Wunder?
Oder gibt es die Wunder doch?

Sie sind wieder unter uns

Unter den Bäumen liegen Gebeine
Jeder Baum ist ein Soldat
Mein Kind, du fragst mich, warum ich weine?
„Weil die Vernunft verloren hat!“

Sie sind einst unter uns gewesen
Dann gab es Krieg, Mord, Hass, Gewalt
Die Organismen sind verwesen
Entstanden ist der Friedenswald!

Die liebe Zeit heilt alle Wunden
Wenn man die grünen Bäume sieht
Dann weiß man, sie sind nicht verschwunden
Sie stehen hier in Reih und Glied!

Die Ehre

Und wenn schon
die Welt zusammenbricht
Ich bin weder ängstlich
noch bin ich scheu
Ich werde bewahren
mein Gesicht!
Und bleibe stets
meinen Ideen treu!
Meine Seele
werde ich nicht verraten!
Sie können mich
traktieren, prügeln, schlagen!
Im Geiste bleibe ich
eben frei!
Auch wenn die Schergen sind dabei
Meinen Körper
zu liquidieren!
Meinen Geist
werden sie nicht kriegen!

Der Hase und das Fest

Das letzte Jahr war dran der Wald
Dort war es dunkel
feucht und kalt
Dieses Jahr ist dran
der Weiher
Am Ufer baut er ein Nest
Ins Nest legt er bunte Eier
Mein Freund
wie heißt das Fest?
Lieber Kumpel
reibe bitte nicht die Nase
Ich möchte auch wissen
wie heißt der Hase?

Dirk Schelpe / pixelio.de

Der Kreislauf des Lebens

Das Leben ist
sehr schnell vorbei
Genieße
jeden Augenblick!
Die Natur macht
im Monat Mai
Die Wiesen, Felder
und Bäume schick.

Man kann das Göttliche
deutlich sehen
Das Wunder
ist vollbracht!
So werden wir
einst auferstehen
Aus der
dunklen Nacht.

Die Grippe

Du bist träge, du bist müde
Deine Augen sind ganz trübe
Nase ist spitz wie beim Ratz
Du bist krank, mein lieber Schatz.

Wir werden die Krankheit überwinden
Du sollst Tee mit Honig trinken
Schüttelt die Betten aus, Frau Holle
Dann spielt die Ernährung eine Rolle.

Mein Schätzchen, iss wenigstens ein bisschen
Iss Zwiebeln, Knoblauch und Radieschen
Die Viren werden sie vertreiben
Und deinen kranken Körper heilen.

Der Rabe

Nüsse warf er auf den Asphalt
Hoffentlich kommen die Autos bald
Machen Autos die Nüsse platt
Dann isst der Rabe sich heute satt.

Autos fahren, sie malochen
Die Schalen haben sie zerbrochen
Rabe machte eine schöne Beute
Ein festliches Essen gibt es heute.

Rabe sitzt, seit heute Morgen, auf der Laterne
Er beobachtet die Nussknacker aus der Ferne
Mit dem Schnabel hat er gepickt, gehackt
Keine einzige Nuss hat er geknackt.

Der Rabe verließ den schönen Wald, die Wiesen
Auf die Autos ist er angewiesen
Autos fahren die Nüsse platt
Dem Rabe gefällt es in der Stadt.

Demut

Der Herrgott wird es schon richtig lenken
Du möchtest dich bitte doch nicht kränken
Mache dich klein und gib doch endlich nach
Lass über dich ergehen diese Schmach!

Deine Seele und Herz sind rein
Lass doch ihn einen Drecksack sein!
Eines Tages wird er heimgesucht
Mit Schmutz besudelt und verflucht.

Gott wird für ihn eine gerechte Strafe finden
Für sein Verbrechen, für die Sünden
Demut, Anstand und Moral
Sind des Menschen Kapital!

Kinder, Hausmeister und der Schnee

Kommt der Schnee
nicht zum Erliegen
So werden wir Schulfrei kriegen
Wir finden
an dem Schnee Gefallen
Er soll doch bitte
weiter fallen
Mancher kann
den Schnee
nicht mehr sehen
Er bekommt Schmerzen
er kriegt Wehen
„Die weißen Flocken
sind die bösen Geister“
Sagt stets immer wieder
der Hausmeister.

Du gibst mir Halt

Deine Augen
die nicht lügen
Deine Augen
die mich lieben
Deine Hände
die mich berühren
Deine Lippen
die mich küssen
Dein Herz und Seele
die mich vermissen.

Das verlorene Gewissen

Man hat den Gaul
als Rind deklariert
Den Verbraucher
betrogen, manipuliert.

Die Kuh bekam im Stall
Vergifteten Mais zum Mahl.

Uns hilft weder Beschweren
noch Lamentieren
Uns wird auch nicht helfen
das Kontrollieren
Ich glaube, die Menschheit
möchte es leider nicht wissen
Ich sage es trotzdem, uns hilft nur
ein reines Gewissen!

Das Land und die Stadt

Ich habe genug Horizont gesehen
Wo Wind und Sturm unaufhaltsam wehen
Ich will leben in der Stadt, wo Häuser stehen
Wo Häuser schwächen Sturm und Wind
Wo Straßen voller Autos sind
Wo Gassen sind wie Labyrinth.

Ich musste später wohl gestehen
Ich konnte die Stadt nicht mehr sehen!
Der Lärm, Gestank und das viele Licht
Alles ist hier so eng, so dicht
Das Leben ist voller Kummer, Sorgen, Leid
Die Menschen haben in der Stadt niemals Zeit
Tagsüber rennen sie wie die Affen
Nachts können sie nicht mehr ruhig schlafen
Manche bluten aus den Nasen
Von den arg giftigen Abgasen
Der Stress bringt das Herz zum Rasen
Voll sind auch die Wasserblasen
Ein Abtritt ist nicht leicht zu finden
Darum ist der Darm voller Winden
Unter diesen Menschenmassen
Kann man nicht mal einen lassen!
Einst habe ich die Stadt verlassen
Ich will sie nicht, ich muss sie hassen!

Mittlerweile lebe ich auf dem Land
Mein Herz ist nicht mehr außer Rand und Band
Den Horizont kann ich wieder sehen
Und spüren stets, wie die Winde wehen
Die Luft ist frisch, der Himmel blau
Wenn ich auf die Stadt so schau

Dann weiß ich eben ganz genau
Die Stadt meidet sogar die Sau
Die Schweine sind klug, sie sind nicht doof
Sie leben lieber auf dem Hof.

Eine Stimme aus den Wolken

Eine Stimme ruft aus den Wolken:
„Mein lieber Freund, du möchtest mir folgen
Hast du es geschafft, bist du einst gestorben
So bist du ohne Kummer, Elend, Sorgen
Steht eines Tages der Tod vor deiner Schwelle
So kommst du in den Himmel oder in die Hölle
Deine Reise kannst du wohl bestimmen
Bist du brav, so hörst du Engelsstimmen
Bist du einem Verbrecher gleich
So kommst du nicht ins Himmelreich
Dann lässt das Fegefeuer grüßen
Dann musst du für die Sünden büßen
Bist du ein Mörder, ein Sadist
So kommst du nicht zu Jesus Christ
Hast du geflucht, geschimpft, gemault
Ab und zu mal was geklaut
Mal getrunken, mal gesoffen
Nichts Besonderes verbrochen
Dann steht der Himmel für dich offen.“

Der Alkohol

Meine Frau liebt mich immer noch
Obwohl ich fiel in ein tiefes Loch
Wie das Wasser trank ich halt den Wein
Um ohne Hirn und Verstand zu sein.

Ich trank stets alles, was es gab
Mit einem Fuß war ich im Grab
Der andere war bei mir noch frei
Der kranke im Grab war schwer wie Blei.

Zu Hause gab es Krach und Streit
Ich sah keine Lösung weit und breit
Es lief im Leben alles schief
Mein Fuß saß im Grab, ziemlich tief.

Das letzte Licht ging eines Tages aus
Der Fuß im Grab fing an zu versinken
Ich zog den Fuß aus dem Grabe raus
Indem ich aufhörte, zu trinken!

Petra Borg / pixelio.de

Sodom und Gomorrha

Ringsum wird stets geflucht
gesoffen, gefressen!
Das Kind hatte Hunger
es wollte was essen!

Der arme Knirps hatte weder Taler
noch einen Heller
Er nahm eine Traube
aus dem leckeren Teller
Ein Sadist, ein Bandit
und ein Bösewicht
Schlugen mit den Fäusten
dem Kind ins Gesicht!
Die Äuglein sind geschlossen
im toten Händchen die Traube!
Zwischen die Finger
pickte eine hungrige Taube!

Der Mond

Herrgott hat
den Mond gesandt
Denn wir sind
mit ihm verwandt
Der Gottesmond
soll das Denken aktivieren
Ob wir das Leben
oder die Zeit verlieren?
An seinem Schwinden
können wir deutlich sehen
Dass nicht die liebe Zeit
sondern wir vergehen.

Das Leben

Würde das Leben
nicht aus Höhen
und Tiefen bestehen
So wäre es kein Leben
sondern ein Berg
oder eine Schlucht
Hätten die Menschen
bei der Geburt
des Kindes keine Wehen
Hätten Menschen
in ihrem Leben
weder geschimpft
noch geflucht
Dann hätten sie auch
niemals gelacht
Dann gäbe es
weder Tag
noch die Nacht
Dann hätten sie
weder Freude
noch Pein
Dann wären
die Menschen
einfach ein Stein.

Der letzte Krieg

Die Schlacht fand statt am frühen Morgen
Heute Morgen sind sie gestorben
Die auf dem Feld so friedlich liegen
Sie werden niemals wieder kriegen.

Keiner von ihnen wollte heute sterben
Der Hass aber trieb sie stracks ins Verderben
Keiner von ihnen wollte von der Stelle weichen
Das Schlachtfeld ist übersät mit blutigen Leichen.

Sie priesen den Hass, sie wollten siegen
Die Leichen werden niemals mehr kriegen
Der Sieger des Kampfes war die menschliche Wut
Die Hunde tranken aus den Pfützen das Blut.

Die Geier ließen sich neben den Hunden nieder
Auf dem Schlachtfeld lagen die Helden, die Krieger
Die Gesichter verzerrt, sie waren voller Leid
Die Geier gaben ihnen das letzte Geleit.

Keiner konnte die Toten begraben
Die Menschen wurden alle erschlagen
Man hat die Vernunft stets zu Grabe getragen
Man kann es betonen, man kann es wohl sagen
Es wird auf dem Schlachtfeld keiner mehr klagen.

Man hat die Kriege überwunden
Indem die Menschen sind verschwunden.

Mein Vogel

Ich wartete auf dich so lange
Jetzt sitzt du auf der Gartenstange
Du flogst zu mir nach Hessen
Du hast mich nicht vergessen
In der Tränke nimmst du ein Bad
Mein bester Freund, mein Kamerad.

Du inspizierst dein Haus
Dein Häuschen sieht gut aus
Trotzdem sollst du keine Zeit verlieren
Für Ausbessern und Renovieren.

Deine Frau ist nicht ganz zufrieden
Bevor du darfst besteigen und lieben
Musst du arbeiten in mehreren Schichten
Du musst schnell deine Arbeit verrichten.

Nach Paarung und Liebe ruft das Herz!
Die Zeit drängt, wir haben Ende März
Ihr habt es geschafft, deine Frau liegt in Wehen
Das schöne Hessen werden die Küken bald sehen.

Im Himmel

Man sagt,
dass dort die Freude
zu Hause ist
Dass du
als Heimatloser
willkommen bist!
Dort sitzen Reiche
und Arme
in einem Boot
Dort herrscht
weder Elend
noch Hunger
noch Not
Jeder Tag
ist weder schlecht
noch mies
Denn dort
ist man stets
im Paradies!

Der Taunus im Winter

Es ist Winter, es ist sehr kalt
Die Höhe* ist ganz in Weiß
Grün-weiß ist der Taunuswald
Die Zapfen sind aus Eis.

Sie hängen wie ein Silberschmuck
An grünen Kiefern, Tannen und an Fichten
Sogar ein fremder Mameluck
Möchte auf Skifahren nicht verzichten.

So einen Winter sah er noch nie
Ist von der Pracht begeistert
Er fuhr sogar im Taunus Ski
Und hat es gut gemeistert.

* Der Taunus hieß früher die Höhe.

Jesus sprach: „Fürchtet euch nicht."

Die Reise

Die Reise in die Ewigkeit
Mein Freund, sie ist nicht weit
Sie ist schneller vollbracht
Als man hat es je gedacht.

Eines Tages wirst du wohl gehen
Und zwar für alle Zeiten
Im Himmel werden wir uns sehen
Ich werde dich begleiten.

Im Paradies

Das Paradies stellt in den Schatten jedes Wunder
Die Toten sind lebendig, gesund und munter
Himmlisch klingt die Harfe, die Engel singen
Dem Ohr schmeichelt die göttliche Musik
Zum Tanzen lassen wir die Beine schwingen
Der Kapellmeister zählt: „Slow, quick, quick, quick"
Beleuchtung wird dunkler und heller
Die Musik ist ein Hit, sie nimmt einen mit
Man spielt Stakkato, es wird schneller
Und dementsprechend ist auch unser Schritt.

Die Seelen vermissen weder uns noch unsere Erde

Keiner möchte zu uns kommen
Keiner möchte zu uns zurück
Man hat Glückseligkeit gewonnen
Und erfahren das wahre Glück!

Der Auferstandene

Was ist der Tod?
Ist das ein Loch?
Wo alles öde ist
und mies?
Oder ist er doch
das sagenhafte Paradies?

Man weiß es nicht, man munkelt nur
Die Hoffnung bleibt bestehen
Die Toten hinterlassen keine Spur
Keiner weiß, wohin sie gehen.

Aber doch, man sieht ein Licht
Das Grab geht plötzlich auf
Der Auferstandene ist wohlauf
Er hat ein göttliches Gesicht.

Dieter Schütz / pixelio.de

Der Tod und die Auferstehung

Der Kelch blieb hängen
An deinen Lippen
Man zwang dich
an dem Kelch zu nippen
Dann solltest du trinken
Schluck für Schluck
Aus dem Kelch
und aus dem Krug
In tiefen Schlaf
bist du versunken
Reines Gift hast du
stets getrunken
Der schwarze Mann
zwang dich dazu
Sie waren tot
jetzt bist es du.

Zwischen Leben und dem Tod
verschwand die Grenze
Ein schwarzer Mann
nimmt dir die Luft
In der rechten Hand
hält er die scharfe Sense
Die linke schiebt dich
in die Gruft.

Von den Lebenden
musst du dich scheiden
Bei den Toten
eine Weile bleiben
Mein Freund
du kannst getrost

zu den Toten gehen
Am Jüngsten Tag
werden wir uns wiedersehen.

Das konzentrierte Gift
brachte dich zum Sterben
Du wirst stets im Grab verwesen
und verderben
Dein Leben ist zu Ende
es ist halt vollbracht
Dort, wo dein Körper ist
dort herrscht die dunkle Nacht.

Nach der Schrift fand statt
das Auferstehen
Die Toten konnten
laufen, reden, sehen
Ab jetzt und heute
musste keiner leiden
Der schwarze Mann
verschwand für alle Zeiten.

Verschwunden ist
des Teufels Kessel
Verschwunden sind
auch seine Fessel
Verschwunden ist
die Friedhofsmauer
Verschwunden ist
des Volkes Trauer
Des Teufels Werk
es ist abgebrannt
Mein Freund
alles ist in Gottes Hand.

Auf der Jagd

Mit den Hunden
mit den Horden
Durchkämmen
wir die Wiesen
Leider wird die Lust
zum Morden
Hochgelobt
und hochgepriesen.

Es wird geschossen
es wird gebissen
Aus den Adern
fließt das Blut
Ich tue den Frieden
so vermissen
In der Welt
und auf dem Gut.

Volkstrauertag

Wo sind
die vielen Gräber
denn geblieben?
Von Toten
die unter
den Tannen
liegen?
Sie tun
stets so weh
sie tun
so schmerzen!
Die Gräber sind
in unseren Herzen!

Das Ableben

Man wird stets immer
älter, älter und älter
Man soll an diese Welt
sich nicht binden
Um das Herz wird es immer
kälter, kälter und kälter
Bis wir eines Tages
ganz verschwinden
Verschwinden halt
für alle Zeiten
Das lässt sich leider
nicht vermeiden
Man ist traurig
man ist frustriert
Kann man einfach
so verschwinden?
Aus der Reihe
aus dem Glied?
Werden wir
uns wieder finden?

Das Pferd und der Fuhrmann

Bäume verlieren bunte Blätter
Es ist Herbst, es ist schlechtes Wetter
Im tiefen Schlamm steckt der Wagen
Es regnet stets seit Tagen.

Trotz der Anstrengung und den großen Mühen
Kann der Gaul den Wagen nicht mehr ziehen
Auf der Erde, auf der nassen
Haben die Kräfte das Pferd verlassen.

Das Ross kann nicht mehr malochen
Es ist zusammengebrochen
Dem Rappe war es schwindlig, es ging ihm nicht gut
Das versetzte den Fuhrmann in Zorn und in Wut.

Der Gaul wird getreten, er wird geschlagen
Keinen Zentimeter bewegt sich der Wagen
Es kommt stets zum Einsatz die schreckliche Knute
In Arbeit sind auch die Peitsche und Rute.

Die Peitsche verursachte blutige Striemen
Trotz Schlägen ist der Gaul liegen geblieben
Tränen fließen, das Pferd weinte leise
Der Fuhrmann hat im Kopf eine Meise.

Er ist ein Sadist, er ist ein Verbrecher
Der Fuhrmann ist gewiss ein boshafter Schächer
Im Dreck und im Schlamm liegt der fleißige Gaul
Die Tränen, sie fließen, nach Luft schnappt das Maul.

Es kam leider, wie es kommen muss
Das Ross bekam den goldenen Schuss.

Weshalb weinst du?

Jedes Leben
hat seine Strecke
Kind, jeder Mensch
hat stets das Seine
Bald wird die Erde
meine Decke
Jetzt weißt du wohl
warum ich weine.

Mobbing und das kurze Wochenende

Es ist schlimm
es ist krass
Der Chef
ist voller Hass.

Die Kollegen
sind voller Neid
Nur zwei Tage
hat die Seele Zeit.

Zwei Tage kann in Ruhe
deine Seele relaxen
Am Montag ist sie umgeben
von Hexern und Hexen.

Leck die Flecken
das Blut und die Wunden
Am Montag wirst du
wieder geschunden.

Fünf Tage wird Blut
aus der Seele tropfen
Die Mäuler sind auf
du kannst sie nicht stopfen.

Fünf Tage musst du
Fratzen ertragen
Fünf Tage wird
dein Herzchen geschlagen.

Dann kommt ein Lichtstrahl
eine kleine Wende
Es steht vor der Schwelle
das Wochenende.

Viel Zeit hast du nicht
um stets die Wunden zu lecken
Am Montag wie immer
wird der Wecker dich wecken.

Dann wird deine Seele
Mobbing erleben
Man wird mit Absicht
fünf Tage dich quälen.

Dein Stern möchte von dir gefunden werden

Wird ein neuer
Mensch geboren
Dann ist sein Stern
längst schon droben
Bis zur Bahre
wird er leuchten
Und den Weg
dem Menschen deuten.

Mein einsamer Stern
Er leuchtet so klar
Er ist von mir fern
Und trotzdem so nah.

Hatte er aber
eine Begegnung versäumt
Mein verlässlicher Partner
mein himmlischer Freund
So wird er versuchen
meiner gedenken noch heut
Bis er von mir
was Süßes mal träumt.

Sollte mein Stern
eines Tages verschwinden
So werde ich ihn
mit Sicherheit finden
Weder in London
noch in Paris
Sondern im Himmel
im Paradies.

Einst wird mich holen
des Engels Schimmel
Zu meinem Stern
zum Kamerad
Ich werde wohnen
im blauen Himmel
Wo die Seele
ihre Heimat hat.
Dort werde ich
für immer bleiben
Jeder Mensch
hat seinen Stern
Ohne Schmerz
und ohne Leiden
Bei dem Vater
bei dem Herrn.

Ist das Leben
einst zu Ende
Dann nur hier
auf dieser Welt
Nach dem Tode
kommt die Wende
Und der Umzug
ins Firmament.

Die Berliner Mauer

Das kranke Herz ist voller Trauer
Es ist nass und es ist arg kalt
Hier stand einst die Berliner Mauer
Und das Schild mit Aufschrift „Halt“.

Manchmal wurde hier geschossen
Die Mauer war mit Blut beschmiert
Viele Tränen sind vergossen
Sie haben den Toten konfisziert.

Mit den Kugeln war man nicht sparsam
Sie riefen sehr schnell den Tod herbei
Man nahm die Leiche in Gewahrsam
Auch nach dem Tod war man nicht frei.

Rainer Sturm / pixelio.de

Der Herbst

Alle Jahre immer wieder
Schlägt der kalte Regen nieder
Die Natur wird jetzt immer strenger
Die Nächte frisch und immer länger.

Die Zugvögel üben den Flug in Scharen
Im Herbst tun die Tiere sich nicht mehr paaren
Kein Liebespärchen ist zu sehen
Kein Weibchen liegt zurzeit in Wehen.

Arg unruhig ist des Bären Seele
Seit Tagen sucht er nach seiner Höhle
Endlich hat er erreicht sein Ziel
Er fand sein altes Domizil
Der Bär wird einziehen seine Krallen
Sich zusammenrollen zu einem Ballen
Und in tiefen Winterschlaf verfallen.

Mein Kind, wir dürfen keine Zeit versäumen
Die gelben Blätter fallen von den Bäumen
Unser Acker ist voller Matsch und Dreck
Die Vögel machen sich auf den Weg.

Mein Kind, wir haben keine Zeit zum Träumen
Den kurzen Tag dürfen wir nicht vergeuden
Bringe den Abfall zum Kompost
Bald kommt der Schnee, bald kommt der Frost.

Mein liebes Kind, arbeite doch etwas schneller
Sonst hast du im Winter nichts auf dem Teller
Kommt der Winter mit der weißen Decke
Dann bleibt die Ernte auf der Strecke.

*Der letzte Wolf **

Im Walde gibt es den Wolf nicht mehr
Der letzte Wolf trägt eine Binde
Der Mensch mit dem tödlichen Gewehr
Sitzt hinter Eiche oder Linde.

Die weiße Binde lässt uns wissen
Dass dieser Wolf der letzte ist
Keinen hat er je gebissen
Keinen hat er je angepisst.

Der Wolf wollte seine Großmutter besuchen
Darum verließ er seinen Bau
Voller Angst trug er im Korb das Brot und Kuchen
Der Wald war grün, er aber grau
Seine Angst konnte man verstehen
Man konnte ihn ganz deutlich sehen.

Der letzte Wolf betrat das Haus
Die kranke Großmutter lag im Bett
Die Oma sah sehr komisch aus
Sie hatte Gewehr mit Bajonett.

„Großmutter,
ich bringe dir Kuchen
und das Brot“
Der Mensch schoss,
der Wolf war auf der Stelle tot.

* Auch dem Bären Bruno gewidmet

Die Schlacht

Das Töten hat begonnen
Das Fleisch gegen Eisen
Die Vernunft hat verloren
Den Tod tun wir preisen.

Der Tod zog hinterher
Er war im Pfeil und im Bogen
Die Scheiden waren leer
Man hat die Säbel gezogen.

Das menschliche Leben
Ist keinen Pfifferling wert
Ins Herz sticht der Degen
Und in die Lunge das Schwert.

Die Menschen sind verschwunden
Man hat sie erschlagen
Blut läuft aus den Wunden
Hinab in den Graben.

Rot färbt sich der Weiher
Die Erde ist rot
Es kommen die Geier
Sie riechen den Tod.

Bettelt ein Verletzter um sein Leben
So wird das Leben ihm nicht gegeben
Man überhört das leise Klagen
Und stößt das Schwert in seinen Magen.

Das Schlachtfeld ist ein riesiges Grab
Man sieht keine menschliche Wärme
Man schlägt die Häupter wie Kohlköpfe ab
Nach draußen dringen die Därme.

Der Krieg ist abscheulich, er macht keinen Sinn
Das Gemetzel ist für die Doofen und Blöden
Wir haben einst Krieg, aber keiner geht hin
In diesem Fall kann man stets niemanden töten.

Der schwarze Mann

Sollte der schwarze Mann, mit seiner Hand, der derben
An meiner Tür klopfen, bis sie kracht
So sage ich zu ihm: „Ich habe keine Angst zu sterben
Und wenn du willst, dann sterbe ich noch heute Nacht."

Er sackt zusammen, er ist schockiert
Der schwarze Mann, er ist tief frustriert
Der schwarze Mann kann es leider nicht verstehen
Wie kann ich dem Tode ins Auge sehen?

„Mein Freund, ich werde dich begleiten
Du verschwindest für alle Zeiten
Sei nicht so ruhig und gelassen
Du musst noch heute die Welt verlassen!"

„Schwarzer Mann, ich habe dich sehr wohl verstanden
Ich gehe zu Kumpeln, Freunden und Verwandten
Ich bin auf dieser Welt ganz allein
Ich möchte endlich bei den Toten sein!

Es tun die Spatzen von den Dächern pfeifen
Trotzdem, schwarzer Mann, kannst du es nicht begreifen
Dass man mit Freude sterben kann
Ich bin ein alter, schwacher, kranker Mann.

Der Tod ist kein Teufel und kein Böser
Er ist mein Befreier und Erlöser
Habe dich verstanden, ich weiß Bescheid
Zum Sterben bin ich ab sofort bereit!

Ich habe gelebt, ich habe gelitten
Manchmal war ich brav, manchmal habe ich gestritten
Ich sah den Himmel, ich sah die Sonne
Ich freute mich auf Monat Wonne.

Ich sah den Herbst, ich sah den Winter
Ich zeugte Leben, ich zeugte Kinder
Ich hatte Leid, ich hatte Glück
Ganz wenig lasse ich zurück.

Ich habe verschenkt mein Hab und Gut
Ich habe verloren Kraft und Mut
Schwarzer Mann, ich tue nach nichts mehr streben
Ich habe verloren die Lust zum Leben!

Die Courage ließ mich im Stich
Ich vegetiere jämmerlich
Lieber schwarzer Mann, der Tod schreckt mich nicht ab
Ich habe keine Angst vor dem dunklen Grab!“

Lüften

Tür und Fenster
sind geschlossen,
es riecht nach Keller
und nach Gruft,
Tür und Fenster
sind jetzt offen,
es strömt
von draußen frische Luft.
Das Lüften hat bei uns
Tradition,
es lüftet
eine ganze Nation,
es ist Sitte,
es ist ein Brauch,
alle lüften,
wir lüften auch,
nach dem Lüften
stinkt es
nicht nur
nach Keller,
sondern auch
nach Rauch.

Sehnsucht

Möchtest du mich mal wieder sehen
Ist die Sehnsucht in dir entfacht
So kann ich dich sehr wohl verstehen
Wenn dein Herz in dieser Nacht
Meiner hat im Traum gedacht.

Du kannst heute Nacht nicht fliehen
Schuld daran ist wohl ein Mann
Du wirst trotzdem meiner lieben
Da er dich nicht lieben kann.

Irgendwann kommen wir zusammen
Wann und wo, das weiß ich nicht
Ich und du, wir sind zwei Flammen
Wir zwei sind das Rampenlicht.

Unsere Flammen sind nicht zu trennen
Sie sind ein Fleisch, sie sind ein Blut
Die Sehnsucht wird in den Herzen brennen
Denn sie ist heißer als die Glut.

Egal was unser Gegner macht
Wir zwei gewinnen diese Schlacht
Die Sehnsucht schenkt uns Kraft und Mut
Die Liebe ist das höchste Gut!

Er möchte nicht im Wege stehen
Er soll doch bitte weitergehen
Er würde bitte für uns zwei
Den Liebesweg mal machen frei.

Wir werden ewig zusammenbleiben
Die Liebe wird niemals von uns scheiden
Die Sehnsucht hat einen starken Willen
Sie wird uns sehr wohl zusammenbringen.

Wir werden die Hoffnung nicht verlieren
Aufgeben oder resignieren
Auch wenn er im Wege steht
Alles vermodert und vergeht
So wird auch er einst verschwinden
Verweht vom Sturm und von den Winden
Dann werden wir haben freie Bahn
Sich frei zu lieben, das ist ein Wahn!
Wir werden alles überwinden
Wir werden zueinanderfinden.

Ruhe in Frieden

Ist das Leben einst zu Ende
Dann ist zu Ende das Jammertal
Es werden ruhen deine Hände
Ohne Schmerz und ohne Qual.

Ist dein Körper voller Wunden
Ist dein Leben eine Last
So wirst du schlafen viele Stunden
Bis du ausgeschlafen hast.

Du wirst jetzt schlafen viele Jahre
Tag hinein und Tag hinaus
Liegt dein Leichnam auf der Bahre
Dann ist wahrlich alles aus.

Deine Hand

Du sollst mich bitte
nicht verlassen,
in den dunklen,
schmalen Gassen,
ich bin noch klein,
ich bin ein Kind,
die Gassen sind
wie Labyrinth.
Du sollst immer
bei mir bleiben,
deine Hand soll mich
nicht meiden,
bin ich erwachsen
und eines Tages groß,
auch bitte dann,
lass mich nicht los.
Deine Hand,
sie tut mir gut,
sie spendet Kraft,
sie spendet Mut,
ist zwischen den Händen
der Faden mal gerissen,
so werde ich
einst schmerzlich
deine Hand vermissen.

Wir bleiben zusammen

Eines Tages,
wirst du wohl
Abschied nehmen,
und zwar
für alle Zeiten.
Keine Angst,
du wirst nicht
alleine gehen,
ich werde dich
begleiten.

Spiel, mein Kind

Spiel, mein Kind, bald bist du groß
Die Sorgen wirst du einst verfluchen
Du wirst die Sorgen niemals los
Sie werden ständig dich besuchen.

Sie werden bis zum Grabe dich begleiten
Sie werden niemals von dir scheiden
Erst nachdem du verschieden bist
Gegangen einst für alle Zeiten
Erfährst du endlich, wie es ist
Zu leben ohne Leiden.

Bist du nach schwerer Krankheit mal gestorben
So erfährst du ein Leben ohne Sorgen
Ein Leben ohne Marter, Leid, Schmerz und Not
Weder von Mensch noch von Tier wirst du bedroht
Ein Leben ohne Stress, Hass und ohne Neid
Ein Leben jenseits, voller Glückseligkeit.

Wir haben alle den einen Gott

Wir haben alle
denselben Gott,
wir beten italienisch,
dänisch, französisch, polnisch,
wir sind orthodox,
evangelisch oder katholisch,
wir sitzen alle
in einem Boot.

IS / pixelio.de

Das Leid öffnet neue Wege

Ist eine Krankheit zu dir gekommen
So ist das Leben noch nicht zerronnen
Lass das Leiden ins Herz hinein
Es kann ein neuer Anfang sein.

Jetzt musst du in die Ferne sehen
Jetzt musst du neue Wege gehen
Habe Mut und Zuversicht
Siehe da, es brennt ein Licht!

Lass das Lichtlein bitte leuchten
Du sollst das Elend nicht verscheuchen
Das Leben ist eben, wie es ist
Trage dein Kreuz wie Jesus Christ.

Der springende Punkt ist überschritten
Es reicht! Du hast wohl genug gelitten!
Jetzt musst du langsam dich aufbäumen
Und von der Genesung endlich träumen.

Gegen Krankheit sollst du dich wehren
Aus dem Korn entstehen Ähren
Der böse Geist wird dich nicht verheizen
Aus den Ähren entsteht der Weizen.

In der Erde muss das Korn verderben
Es muss tot sein, es muss sterben
Nach dem Tod entsteht ein neues Leben
Danach soll die Seele streben.

Der Herrgott wird schon alles lenken
Er wird ein neues Leben schenken
Mit Gott kann es nur besser werden
Wie im Himmel, so auf Erden.

Er wird dir reichen seine Hand
Er wird löschen jeden Brand
Jede Krankheit wird er vertreiben
Jeden Schmerz und jedes Leiden.

An Fronleichnam mit Birkenzweigen
Wird er dir neue Wege zeigen
Neue Bäume, neue Wiesen
Neue Wege wirst du erschließen.

Hätte das Leiden bei dir nicht haltgemacht
So wäre ringsum die schwarze, dunkle Nacht
Das kleine Lichtlein ist jetzt ein großes Licht
Es spendet Energie, Mut, Kraft und Zuversicht.

Die dunkle Nacht, sie ist vorbei
Man ist im Leben nie allein
Die guten Menschen, sie sind nicht tot
Sie stehen dir bei in deiner Not.

Man soll die Hoffnung nie verlieren
Weder greinen noch lamentieren
Und wenn man meint, man ist am Ende
Dann kommt mit Sicherheit die Wende.

Der Kastrat

Der Kapellmeister
schnitt ihm ab
Alles, was ein Mann
so hat
Er nimmt die Kinder
mit ins Grab
Der verstümmelte
Kastrat.

Während den hohen
schallenden Gesängen
Müssten die Hoden
an der Decke hängen
Das Publikum könnte
einen unheimlichen Kick genießen
Würde das Kastratenhodenblut
auf die Bühne fließen.

Um den Hunger
der Zuschauer zu stillen
Müsste man die Hoden
des Kastraten grillen
Das Kastratenlied
könnten die Ohren haben
Die Hoden aber
dem Zuhörer sein Magen.

Gott als Retter in der Not

Die ohne Gottes Segen starben
Voller Zweifel, mit tiefen Narben
Sie wurden leider nicht gesund
Dazu gab es einen dicken Grund.

Ich war gläubig, ich konnte beten
Wir waren viele, ich war nicht allein
Der Himmel schenkte uns den Segen
Und machte erträglich die Kerkerpein.

Man hat mein Herz aus der Brust gerissen
Mein armes Herz ist fast krepiert
Das misshandelte Herz, es möchte wissen
Weshalb man hat es so traktiert.

Die Sadisten haben mein Herz geschunden
Von der Misshandlung bekam das Herz ein Loch
Blut tropft aus den zugefügten Wunden
Die Wunden schmerzen bis heutzutage noch.

Mein Herz sah aus wie eine Pyramide
Es traf im Lager mein Herz der Blitz
Mein krankes Herz ist Invalide
Es ist unten breit und oben spitz.

Mein Herz hat seine Form verloren
Es war von Sadisten so gewollt
Es wurde einst gesund geboren
Mein Herz war so süß, es war so hold.

Mein armes Herz, es musste blutend leben
Es ist ein Schreck für die Wissenschaft
Auf den Bildern kann man deutlich sehen
Dass die Herzenswunde weiter klafft.

Es hat den Ärzten die Sprache wohl verschlagen
Ein verformtes Herz, das funktioniert
Wie kann denn so ein Herz noch schlagen?
Ein krankes Herz, das so viel Blut verliert?

Die Wissenschaft, sie ist am Ende
So ein krankes Herz sahen sie noch nie
Ich streckte gen Himmel meine Hände
Und gehe runter auf die Knie.

Der Geist des Himmels wird mir senden
Zuversicht und Kraft und Mut
Mein Schicksal liegt in Gottes Händen
Es wird wieder alles gut.

Das Loch im Herz, es ist geschlossen
Die Narben bleiben für immer da
Viele Tränen habe ich vergossen
Tag für Tag und Jahr für Jahr.

Die Narben lassen sich leider nicht verbergen
Das Leid, Misshandlung und die Qual
Schmerzt dich ein Kreuz? So kannst du mit
    Gotteswerken
Verlassen einst das Jammertal.

Mein Herz ist eine große Wunde
Und trotzdem geht es mir sehr gut
Mit Gott gehe ich nicht zugrunde
Obwohl mein Herz verliert viel Blut.

Mit diesem Herz kann ich gut leben
Es stottert, dann schlägt es wieder ganz normal
Herrgott erteilt mir seinen Segen
Und aus dem Gotteshimmel schallt Choral.

Die Verzweiflung, sie ist nicht gegeben
Unser Herrgott gibt mir Kraft und Mut
Ich lebe ein ganz normales Leben
Mein Herz verspürt weder Hass noch Wut.

Deine Gesundheit ist angeschlagen
Als Krüppel und Invalide wirst du tituliert
Vielleicht sollst du es mal endlich wagen
„Mein Gott, mein Herr" mal endlich sagen
Bevor dein Herz vor Kummer, Schmerz und Stress krepiert.

Der Herrgott wird seine Hand dir reichen
Du stehst mit den Heiligen im Bund
Der verfluchte Satan, er wird weichen
Und dein krankes Herz, es wird gesund.

Auch wenn es voller Wunden ist
Es wird ganz sanft und ganz ruhig schlagen
Dein Freund im Himmel ist Jesus Christ
Er wird durch das Jammertal dich tragen.

*Karagandá**

Man riss sie los, die bunten Blätter
Sie waren schwach, der Herbst war da
Man riss sie los, die lieben Väter
Und fuhr sie nach Karagandá.

Schnee und Kälte haben sie empfangen
Die Glieder waren steif und schwer wie Blei
Nur bis zum Tod waren sie gefangen
Danach waren die Väter wieder frei.

Die Regierung bestand aus Heiden
Die Stadt ist übersät mit Gebeinen
Liebes Kind, du sollst nicht weinen
Dein Vater musste nicht lange leiden
Er wurde von den herzlosen Genossen
Nach der Einlieferung sofort erschossen.

Marx und Engels waren Schreibtischtäter
Sie riefen ins Leben die Befreiungstheorie
Man trieb in den Tod die lieben Väter
Wegen der kommunistischen Ideologie.

Stalin ließ marxistische Gedanken schweifen
Er war ein überzeugter Kommunist
Man kann es weder verstehen noch begreifen
Warum die Menschheit so sadistisch ist!

* Ab 1930 fand die sozialistische Industrialisierung der Stadt Karagandá in Kasachstan statt. Bezug dieser Industrialisierung hat man Hunderttausende von Menschen, an

erster Stelle aber Männer, nach Karagandá in Strafarbeitslager oder in die Verbannung deportiert – der Arbeitskraft wegen; diese willkürlichen Deportationen von unschuldigen Menschen beziehungsweise von ganzen Völkern hielten bis in die Fünfzigerjahre an. Erst 1953, nach dem Tod von Josef Stalin, wurde diese menschenverachtende Praxis eingestellt. Auch die Vertreibung von Völkern, der nationalen Zugehörigkeit wegen, fand schon lange, innerhalb der Sowjetunion, vor 1945 statt. So wurden in der ehemaligen UdSSR bereits vor 1945 ganze Völker, davon waren besonders die Russlanddeutschen betroffen, der ethnischen und nationalen Abstammung wegen aus ihren Republiken beziehungsweise aus ihrer angestammten Heimat bis zum letzten Mann, samt Frau und Kind, vertrieben, verjagt und nach Sibirien und Kasachstan deportiert.

Menschenbioroboter

Der Roboter, der ist ziemlich schepp
Das war kein Fachmann, das war ein Depp
Der Roboter hat weder Po noch Gesicht
Er wurde erstellt beim Sonnenlicht.

Der Roboter kann weder laufen noch rennen
Bei der Erstellung durfte keine Glühbirne brennen
Die Freunde der Umwelt haben den Bioroboter lieb
Man erstellte ihn auf der Wiese und nicht im
Betrieb.

Im Roboter steckt viel Liebe und Fantasie
Nur menschliche Kraft und nur menschliche Energie
Er bekam eine Perücke mit lockigen Haaren
Einen Einsatz hat der Roboter niemals erfahren.

Der Roboter ist schmächtig und klein wie ein Gnom
Er verbraucht weder Erdöl noch Koks noch Strom
Umweltfreundlich ist der Roboter wohl allemal
Er wurde ausgestellt im großen Biosaal.

Das Roboterdasein hat einen Zweck
Er produziert weder Rauch noch Dreck
Ein Roboter, der außer Betrieb ist und hin
Hat für die Freunde der Umwelt Bedeutung und
Sinn.

*Man passt sich an**

Nachdem Lenin
die Macht ergriffen hat,
hat das feige Volk
sehr schnell
kapituliert,
das Volk war auf einmal
matt und platt,
siebzig Jahre
hat es nie wieder
demonstriert.

Wir schließen die Augen
für einen Augenblick
und ziehen geschichtlich
Richtung Weimarer Republik,
auch da hat das Volk
so gerne randaliert,
dann hat es zwölf Jahre
nicht mehr demonstriert.

* 1917, nach Lenins Machtergreifung - der russische Zar war nicht mehr an der Macht, Lenin entmachtete die demokratisch gewählte Übergangsregierung unter dem Sozialdemokraten Kerinskiy –, und 1933, nach Hitlers Machtergreifung, haben sich beide Völker sehr schnell der Gesetzgebung unterworfen und die Demonstrationen sind in beiden Ländern ausgeblieben, obwohl diese Völker vor 1917 und vor 1933 sehr demonstrationslustig waren. Gerade nach 1917 in Russland und nach 1933 in Deutschland

hat es einen ganz dicken Grund gegeben zu demonstrieren, da in beiden Ländern die Demokratie zerschlagen wurde; gerade zu einem Zeitpunkt, wo Demonstrationen gefragt gewesen sind, haben die zwei Völker gekniffen, obwohl sie noch vor gar nicht allzu langer Zeit sehr demonstrationshungrig waren. Das ist kein Zeichen von Zivilcourage, wenn man in einer Demokratie gegen Demokratie demonstriert.

Keine Seele geht verloren

Du siehst es leider viel zu eng
Unser Herrgott, er ist nicht streng
Er ist barmherzig, er ist gut
Für uns vergoss der Herr sein Blut.

Er ist gestorben, um zu leben
Die Sünden hat er uns vergeben
In den Himmel kommen wir
In sein himmlisches Quartier.

Keine Sorgen, mein lieber Schatz
Im Paradiese gibt's viel Platz
Zum ewigen Leben sind wir geboren
Keine einzige Seele geht verloren.

*Sibirien**

Voller Schmerz sind unsere Glieder
Die Vögel singen fremde Lieder
Auch die Sonne ist uns fremd
Zerschlissen ist des Sträflings Hemd.

Hab und Gut haben wir verloren
Als Fremde sind wir hier geboren
Auch den wasserfreudigen Biber
Erkannten wir hier kaum noch wieder.

Auch die Luft war, für uns fremd und kalt
Besät mit Leichen war der fremde Wald
Alles, was die Augen sahen
Schlug auf das Herz und den Magen.

Die fremden Wege führten uns ins Verderben
In der Fremde klappte nichts außer dem Sterben
Es schmerzt das Bein, es schmerzt die Hand
Verflucht bist du, du fremdes Land!

* Nach dem Überfall der Wehrmacht auf die Sowjetunion mussten alle Russlanddeutschen, auch die russlanddeutschen Kommunisten, von 1941 bis 1956, meistens in Sibirien, wohin sie vertrieben beziehungsweise deportiert wurden, das Gewahrsam über sich ergehen lassen; auch ihre Kinder, die in dieser Zeitspanne geboren wurden, bekamen den Status eines Sträflings. Erst 1956, nach dem Adenauer-Besuch, wurden – mit Einschränkungen – die Russlanddeutschen auf freien Fuß gesetzt.

Die Roten

Der Kaiser, er ist verschwunden
Die Roten kamen an die Macht
Das Volk haben sie geschunden,
das hätte keiner wohl gedacht.

Kein Protest, kein Widerspruch
Eine Klage ist ein Vergehen
Überall das rote Tuch
Man kann das Rote nicht mehr sehen!

Freiheit haben sie versprochen
Gleichheit, Brüderlichkeit und Frieden
Alles haben sie gebrochen
Man durfte nicht mal demonstrieren!

Lärmproduzierender demonstriert gegen Lärm

Die gegen den Flieger
protestieren,
tun gerne in den Urlaub
fliegen,
die mit dem Auto
in den Urlaub fahren,
tun über den Lärm
des Autos klagen,
statt den Lärm erfolgreich
zu reduzieren,
indem wir in den Urlaub
nicht mehr fliegen,
tun wir ganz heftig
gegen Lärm
demonstrieren,
wenn wir so brutal
gegen Krach und Lärm
uns wehren,
dann müssten wir
vor der eigenen Tür
mal kehren,
die Regierung soll uns helfen
in der Not,
sie soll verhängen
ab sofort Flugverbot!
Lieber Demonstrant!
Um Krach und Lärm
zu vermeiden,
sollst du
weder ins Flugzeug
noch ins Auto steigen!

Die Auferstehung ist unsere Hoffnung

Ist die Sonne hinter dem Horizont verschwunden
Dann ist dein Herz mal wieder leer
Es werden aus Metastasenknoten Wunden
Jeden Tag halt ein bisschen mehr.

Ist dein Körper eine Wunde
Ist dein Dasein eine Qual
Dann geht dein Leben vor die Hunde
Du hast leider keine Wahl.

Dein kranker Körper, er ist am Ende
Dein Organismus ist ein Wrack
Du gehst zurück zur Muttererde
Und bleibst dort bis zum Jüngsten Tag.

Einst wird die Seele zu dir kommen!
Von Gott gesandt, zum Grabeshag!
Die Auferstehung hat begonnen!
Denn es ist der Jüngste Tag!

Ich und Du / pixelio.de

Es wird wieder alles gut

Er hat dich mit Absicht
angefressen,
du bist bis auf die Knochen
schwer blamiert,
Schmerz, Leid und Pein,
sie sind unermessen,
dein Herz, es ist verletzt,
es ist deprimiert.
Vielleicht ist er morgen
von dir schon vergessen
und du bist wieder frisch
und tief verliebt,
wie es im Leben
so manchmal passiert.

Vielleicht

Vielleicht lädt sie dich ein
Zu einem Gläschen Wein
Vielleicht küsst sie dein Gesicht
Im matten Kerzenlicht
Vielleicht wird sie dich berühren
Du darfst weiter fantasieren.

Das Gebet wurde erhört

Es ist frostig, es ist sehr kalt
Es schneit auf Schirm, Dach und Wald
Da ich den Schnee so gerne mag
Schneit es heute den ganzen Tag.

Alles im Griff hat die heilende Stille
Was man hört, das ist der eigene Hauch
Herrgott, es geschehe dein Wille
Herrgott, dein Wille ist meiner wohl auch.

Sendet man das Gebet Richtung Himmel
Dann ist die Erde weiß wie ein Schimmel
Dann weiß jeder sehr wohl Bescheid
Warum es heute wieder schneit.

Das Leben in Kurzfassung

Im Frühling
wird man geboren,
im Sommer
wächst man
aus den Hosen raus,
im Herbst
geht das Haar
verloren,
im Winter
ist der Ofen aus.

Eher kommt ein Kamel durch das Nadelöhr als ein Reicher ins Himmelreich

An Gott zu glauben ist sehr schwierig
Man muss auch glauben an seine Schrift
Ist man auf Konsum und Geld sehr gierig
So ist das für den Glauben reines Gift.

Geben ist seliger als Nehmen
Gebt euern Reichtum umgehend ab
Der ganze Reichtum wird vergehen
Man nimmt keinen Reichtum mit ins Grab.

Die armen Seelen kann man retten
Mit Armut, Keuschheit und mit Leid
Ihr sollt nicht spielen und nicht wetten
Denn das erzeugt nur Hass und Neid.

Sollst du einst die Augen schließen
So lässt dein Reichtum dich im Stich
Du musst im Fegefeuer büßen
Für das Geraubte, jämmerlich!

Der Reichtum kann nur durch Raub entstehen
Gebt euern Reichtum noch heute ab
Herrgott möchte nur gute Werke sehen
Man nimmt keinen Reichtum mit ins Grab.

Die Leichen tut man gründlich waschen
Ob schmal, ob klein, ob groß, ob dick
Das letzte Hemd hat keine Taschen
Sogar den Schmutz lässt man zurück.

Alles, alles ist vergänglich
Die guten Werke aber nicht
Meine Seele ist nicht ängstlich
Zu treten vor dein Angesicht.

Ein Mensch auf dem Weg

Was suchst du, Mensch, auf fremden Wegen?
Fremde Nationen wohnen dort,
die Muttersprache wirst du verlieren,
durch Integrieren, Assimilieren,
du wirst begehen kulturellen Mord!
Die fremden Zungen werden deine zwingen,
fremde Lieder im fremden Land zu singen,
der äußerst scharfe nationale Degen,
wird dich wohl verfolgen auf fremden Wegen,
dein Herz wird leiden unter fremdem Wort,
eine Heimat zu haben ist ein Segen!
Bitte, verlasse nie den trauten Ort!

Der Schneemann

Sie bauen den Schneemann
die fleißigen Kinder,
sie warteten lange
auf den schneereichen Winter,
der Schneemann ist weiß
er sieht aus wie ein Arzt,
die Nase ist gelb
die Augen sind schwarz,
sie mussten sich trennen
vom Schneemann, vom Schatz,
sie fanden für ihn
einen sicheren Platz,
die Kinder schickten den Schneemann
per Flug mit der Post,
in die sibirische Tundra
zum Väterchen Frost,
der deutsche Passagier mit der Möhre
hat den Flug überstanden,
die Kinder in der Tundra
empfingen ihn wie einen Verwandten,
für Kinderfreundschaft
gibt es keine Grenzen,
der deutsche Schneemann
wohnt jetzt bei den Nenzen*.

* Eine autonome Nationalität in Sibirien

Der Gaul

Man holte
den arbeitslosen Gaul,
im Stall
hat er sehr gelitten,
es flog weißer Dampf
aus seinem Maul,
es fuhr die Lok
und nicht der Schlitten.

*Die Reichen und die Armen**

Die Reichen werden immer reicher
Das stimmt so nicht, das ist ein Trug
Sie sind den Armen immer gleicher
Geld zu sammeln, das ist nicht klug.

Die Natur tut bitter weinen
Sie wird behandelt wie letzter Dreck
Vollgestopft mit großen Scheinen
Ist der Proviant und das Gepäck.

Die Natur bekommt keine Luft
Sie ist krank, sie liegt im Sterben
Hirnamputierter Mensch, der Schuft!
Tut trotzdem für Wachstum werben.

Statt die Umwelt zu respektieren
Tun wir stets weiter produzieren
Die Wirtschaft wächst in diesem Jahr
Der Wald ist weg, das Geld ist da.

Wir richten die Natur und uns zugrunde
Bald gehen wir wohl alle vor die Hunde
Der Wald unterlag der menschlichen Gier
Blöder Mensch! Das Geld, es ist nur Papier!

* Irgendwann können wir für das Geld nur noch Dreck kaufen; die Armen aber werden sich weniger von diesem Dreck leisten können, da sie weniger Geld haben.

Die Beichte

Möchtest du die Hand mir reichen,
oder ist das nur Lug und Trug,
möchtest du vielleicht mir beichten,
welche Last deine Seele trug?

Möchtest du vielleicht mir sagen:
„Ich schäme mich für meine Tat,
ich werde es niemals wagen,
die Liebe töten mit Verrat.

Du bist ein Christ, du kannst vergeben,
an deinem Unglück bin ich schuld,
ich möchte wie du nach Reinheit streben
und Buße tragen mit Geduld.“

Keiner geht verloren

Die Menschen können
nicht verschwinden,
verweht vom Sturm
und von den Winden,
die Seelen kommen
zu Jesus rauf,
der Herrgott nimmt
sie alle auf.

Das Werk Gottes

Schneit es langsam die ganze Nacht,
so sind die Bäume voller Pracht,
die Dächer haben eine weiße Decke,
die Flocken fliegen eine weite Strecke.

Im Himmel gibt es einen weißen Ort,
im Winter wohnt der weiße Engel dort,
der weiße Engel ist ein lieber Schatz,
er hält sauber seinen Arbeitsplatz.

Es entsteht weder Ruß noch Dreck,
in seinem winterlichen Werk,
auf das Werk ist der Engel stolz,
es braucht weder Öl noch Gas noch Holz.

Gott hat den Maschinen Energie gegeben,
mit der göttlichen Kraft tun sie Flocken weben,
auch dem Engel hat der Herrgott Kraft geliehen,
den Schnee tut er aus Wasser produzieren.

Es entsteht weder Ruß noch Dreck,
in seinem winterlichen Werk,
auf das Werk ist der Engel stolz,
es braucht weder Öl noch Gas noch Holz.

*Der Mensch**

Über das Wetter tun wir
wohl ständig klagen,
wir betonen und tun
immer wieder sagen:
„Gegen Sturm hilft
weder Mantel noch Kragen,
gegen Väterchen Frost
hilft kein schützender Wall,
gegen die Kälte hilft
weder Jacke noch Schal.“

Sehen wir im Frühling
die Schwalben
mal fliegen,
so werden wir
den warmen Sommer
bald kriegen,
auch im Sommer
werden wir lamentieren,
über die Hitze
und die lästigen Fliegen,
der Mensch ist leider
fast immer unzufrieden.

* Das Klagen ist nicht angeboren, geben wir aber das Jammern an unsere Kinder weiter; so haben wir ihnen, mit Sicherheit, einen Bärendienst erwiesen.

Keime

Haben wir
in den letzten Jahren
was verpennt?
Wenn nicht,
warum sind die Keime
resistent?
Sollten wir
uns mit diesen Keimen
infizieren,
so muss man
uns die Glieder
amputieren.

Warum hat der Mensch der Natur den Krieg erklärt?

Kann zwischen dem Menschen
und Bäumen Freundschaft entstehen?
Wenn ja,
warum tun wir ihre Körper zersägen?
Ist nicht der Mensch
auf Flora angewiesen?
Wenn ja,
weshalb vernichten Mäher die Wiesen?

Die Schmetterlinge tun
laut weinen und klagen,
weil Rasenmäher die Blumen
abgemäht haben,
die Bienen tun
mit Recht uns hassen,
sie haben uns
schon längst verlassen.

Kann der Mensch den Abgrund
denn nicht sehen?
Will er nichts wissen
und nichts verstehen?
Der Mensch ist leider
außer Rand und Band!
Er hat weder Gehirn
noch hat er Verstand.

Der Kreislauf des Elends

Voller Schmerz und Leid
sind des Abends seine Glieder,
die Leute fahren
schnell nach Haus,
die dunkle Nacht lässt sich
auf die Erde nieder,
sie macht der Sonne
den Ofen aus.

Jetzt können Leute ruhen
und sich strecken,
die ganze Nacht
an ihren Wunden lecken,
der Morgen wird sie
in die Betriebe treiben,
dort werden sie
Schmerz erfahren
und viel leiden.

Die Schneeflocken

Was wird mit den Flocken geschehen?
Werden alle sie vergehen?
Was wird mit ihnen denn passieren?
Werden wir alle sie verlieren?

Werden sie in ihrem kurzen Leben,
den Frühling, Sommer und Herbst erleben?
Ist die Flocke aber ein Stern,
so kam die Flocke wohl vom Herrn!

Die Schneeflocken werden einst vergehen,
sie werden später auferstehen,
sie werden in den Himmel reisen,
zu den Göttern, zu den Weisen.

Ihr Leben ist wohl nicht zerronnen,
sie werden einst von oben kommen,
es wird entstehen ein neues Leben,
sie werden bringen Schnee und Regen.

Renate Kalloch / pixelio.de

*Zwei Flammen**

Bist du mit einer
Frau zusammen,
seid ihr zwei Herzen
und zwei Flammen!
Bereiten die Flammen
manchmal Schmerzen,
dann liebt ihr euch
von ganzem Herzen!

* Man kann sich nur an der Flamme des Partners erwärmen, ist diese Flamme aber erloschen, so wird es nicht nur frostig und kalt, sondern auch noch stockdunkel; lieber den heißen, flammenden Schmerz der Liebe erfahren als die Dunkelheit und die Kälte der Einsamkeit.

LouPe / pixelio.de

Schlagzeilen sind gefragt

Wenn man nicht weiß, worüber man schreiben soll
Dann schreibt man über Main, er ist feucht und nass
Über Ungeheuer, Schreck und über Gräuel
Ebbes über Neid und ebbes über Hass
Fällt aber leider einem nichts mehr ein
So schreibt man ebbes über Eberschwein
Man macht gerne auf ein neues Fass
Der Mensch, er braucht so seine Drogen
Hat aber unser Fass keinen Boden
So schüttet man in das Fass hinein
Öl, Benzin, Saft, Wasser oder Wein
Damit versetzt man in Faszination
Ein ganzes Volk, eine ganze Nation!
Die Begeisterung ist jetzt perfekt
Die schreibende Zunft hat Blut geleckt
Man ist auf hundertachtzig Grad!
Man schreibt eine Kolumne in der Tat
Über das Fass, das keinen Boden hat.

Das Huhn und der Gockel

Ist das Huhn so flink
wie ein Hund
und sogar wesentlich schneller
als ein Sprinter,
der Hahn hat zur Sorge
keinen Grund,
er holt es ein, im Sommer,
Herbst und im Winter.

Was ist das denn
für ein Mist?
Das Huhn,
das viel schneller ist,
ist der ewige
Verlierer,
der Hahn aber
ist der Sieger.

Rainer Sturm / pixelio.de

Zuerst stirbt der Wald, dann der Mensch

Können Bäume
zur Nächstenliebe
uns erziehen?
Indem sie
den Völkern
den Sauerstoff
entziehen?
Können Bäume
uns genesen?
Unser Geist
und unser Wesen?

Dicke Bäume
mit therapeutischen Zweigen
mussten vor dem Menschen
wie vor dem Satan weichen,
man hat gefällt
sie ohne Grund,
sie machen keinen
mehr gesund.

Man hat gebrochen
mit Traditionen,
mit der Vernunft
und mit den Sitten,
jetzt sterben ganze
Völker, Nationen,
der arme Wald
hat schwer gelitten!

Wir haben leider nur noch
schlechtes Wetter,
wir haben keinen Wald,
aber viele Bretter!
Der Mensch traf den Wald
in das Knochenmark,
der tote Wald
kann den toten Menschen
dienen,
mit langen, mit kurzen
und mit dicken
Dielen,
mit einem kleinen
oder großen Sarg!

Die Schweinegrippe

Die Intrigen, die Angst
und das Komplott
rührten zusammen
ein schlimmes Kompott,
die Pharma und WHO*
nahmen uns auf die Schippe,
sie machten der
Bevölkerung Angst
mit der Schweinegrippe!

Die Landesregierung
kaufte den Stoff,
zwischen ihr
und der Pharma
gibt es jetzt Zoff,
gegenwärtig möchte
den Impfstoff
keiner mehr haben,
die Bevölkerung muss
für das Komplott
blechen und zahlen,
die Regierung und Pharma
prozessieren und klagen,
es ist kein Wunder,
dass den Impfstoff
keiner will,
denn den Impfstoff
deklariert man
als Sondermüll.

* Weltgesundheitsorganisation

*Wärmetherapie**

Wir möchten gegen Krebs
keine Kriege verlieren,
darum sollen wir auch
keine Kriege führen,
sondern mit Wärme
und Hitze ihn therapieren,
man soll auf keinen Fall
es wagen,
ihn mit dem Knüppel
und der Keule
schlagen,
wir können den Krebs
zwingen in die Knie,
nur mit Hitze
und Wärmetherapie!
Habt ihr den bösen Krebs
so richtig satt,
dann gibt es dazu
einen guten Rat,
schraubt die Temperatur
auf fünfzig Grad,
bei fünfzig Grad
sind die Krebszellen
richtig platt!

* Es ist bekannt, dass die Krebszellen eigentlich schon bei vierzig Grad absterben. Warum aber die Wärmetherapie immer noch in den Kinderschuhen steckt, ist mir ein Rätsel; vielleicht kann man mit der Wärmetherapie kein Geld verdienen?

Zum neunzigsten Geburtstag

Das alte Jahr,
es ist zerronnen,
das neue Jahr,
es hat begonnen,
möchtest du
noch lange leben,
so sollst du nicht
nach Neuem streben,
halte dich bitte
am Alten fest
und feiere nur
das alte Fest,
halte zusammen
die alten
Scherben,
im alten Jahr
kannst du
nicht mehr
sterben!
Halte dich bitte fest
am alten Glück,
schau nicht nach vorne,
sondern zurück.

*Die Maden**

Wir sollen vor Schreck
nicht erblassen,
man soll die Larven
wachsen lassen,
die feiste Made frisst
und frisst und frisst,
das Gewebe,
das abgestorben ist.

Kann jeder sagen
was er will,
die Wunden
machen sie steril,
als Heiler tun die Maden
taugen,
sie tun die Feuchtigkeit
absaugen.

Wo Antibiotika
versagen,
da, wo die Menschen
vor Schmerzen klagen,
da haben die Maden
es zu sagen.

Wir haben keinen Grund
zum Weinen,
die Wunden können
endlich heilen,
zuversichtlich
sind die Gedanken,
den Maden haben wir
zu danken.

* Wo Antibiotika Bezug der Heilung von Wunden versagt haben, da haben die Maden sich als erfolgreicher Heiler bewiesen.

*Die gesunde Ernährung wird diskriminiert**

Die Klugscheißer
wissen immer alles besser,
sie beschimpfen uns
als Knoblauchfresser,
da die Klugscheißer
Virenträger sind,
niesen sie die Viren
durch den Wind,
weil bei ihnen ständig
grüner Rotz läuft,
sind sie unter der Nase
immer feucht,
als Knoblauchfresser
tun sie uns titulieren,
selbst aber die Menschen
mit Viren infizieren.

* Weil man im Herbst nur noch von Impfungen, von Tabletten und Pillen spricht, aber nicht von der gesunden Ernährung; nährt man den Verdacht, dass dieser Vorgang von gewissen Institutionen ganz bewusst gesteuert wird, da man mit Knoblauch kein Geld verdienen kann.

Salieri und Mozart

Salieri war damals in Wien der Große,
im Fach Musik war er Virtuose,
man konnte ihn mit keinem vergleichen,
keiner konnte das Wasser ihm reichen.

Aber doch, da gab es noch einen,
der stand fest auf seinen zwei Beinen,
er konnte noch besser als Salieri spielen,
das Publikum begeistern und faszinieren.

Es war ausverkauft das Schauspielhaus,
die Zuschauer schenkten Amadeus Applaus,
der Applaus war heftig und ziemlich lange,
da wurde Salieri es langsam so bange.

Wurde zum Mord jemand angestiftet?
Oder hat er ihn selber vergiftet?
Wolfgang hat einen Wein getrunken,
er ist stracks zu Boden gesunken.

Die Augen waren stumpf, der Körper war blass,
es krampfte die Hand, sie zerdrückte das Glas,
das Blut tropfte auf den Teppich,
das Gesicht war weiß - wie ein Rettich.

Die Seele konnte von ihm
noch nicht weichen,
denn Mozart musste
Salzburg erreichen,

wir sollen die Fassung
nicht verlieren,
den Fall mit Sorgfalt
analysieren,
wir dürfen kein falsches Zeugnis
in die Wege leiten,
wir müssen das Ableben
mit Anstand begleiten,
wir können nur munkeln,
wir können es nicht wissen,
vielleicht hat Salieri
ein reines Gewissen?
Wir sollen der Untersuchung
zollen Geduld,
vielleicht trifft Salieri
weder Last noch die Schuld?
Wir sollen der Untersuchung
zollen Respekt,
vielleicht hat der Tod
den falschen Eindruck erweckt?!

Alt, hilflos und betrogen

Ist man weder abgeschrieben
noch abgeschafft,
ist man jung, dynamisch,
gesund und voller Kraft,
so gestaltet man seinen Tag,
wie man es will und man es mag.

Kommt der Tod zu einem bald,
ist man krumm und ziemlich alt,
so wird man
nach neuem Maßstab tituliert,
als a. und d.*
bei den Banken registriert,
man wird belogen und betrogen
und über den Tisch gezogen.

Sterbehilfe ist legalisiert,
alle hoffen,
dass man bald krepiert,
ein Stückchen Papier
muss man unterschreiben,
schon kann die Seele
von dem Körper scheiden.

Das alte Leben
ist eine dunkle Nacht,
man wird verfrachtet
und in ein Heim gebracht,
dorthin gebracht,
wohin man gar nicht will,
als alter Mensch
kommt man ans falsche Ziel.

* Das ist eine Abkürzung für alt und doof, als a. und d. wurden die alten Menschen bei den Banken registriert; mittlerweile wurde diese Praxis eingestellt.

Ostern

Sie konnten
das Wunder
nicht verstehen
Als Toten
haben sie
ihn gesehen
Da sie
wie versteinert
standen
Seine Jünger
die ihn
kannten
Zeigte er ihnen
seine Wunden
Den Tod
hat Jesus
überwunden!
Das Mal zeigte
ganz deutlich
wer er ist
Es war ihr Freund
und Bruder
Jesus Christ!

Pluralität belebt das Geschäft

Mancher Frauenbusen ist klein,
mancher ist groß,
die Vielseitigkeit fasziniert,
man kriegt sie nicht los,
man handelt gegen Gott
und seine These,
indem man in die Brust
steckt die Prothese.

Man macht den Busen größer,
man macht den Busen kleiner,
es schnitzelt an der Brust
ein renommierter Designer,
fast kriminell ist leider
folgender Schritt,
die Eltern machen Schulden
mit einem Kredit,
sie schenken der Tochter
einen blutigen Schnitt,
dieser Schnitt ist heutzutage
fast schon ein Hit.

In Hessen, in Thüringen
und in Niedersachsen,
tun die Brüste bei Mädchen
gedeihen und wachsen,
die Mädchen brauchen
kein Implantat,
sie brauchen weder Schnitt
noch eine Naht.

Juckt es in der Brust,
so soll man nicht kratzen,
das Silikon kann vom Kratzen
wohl platzen,
man ist der Gefahr
leider gar nicht bewusst,
eine giftige Bombe
tickt in der Brust,
wegen der Bombe kann man
das Leben verlieren,
sollte die giftige Bombe
einst explodieren.

Jede Brust ist wohl ein Unikat,
ob klein, ob groß, ob hell oder matt!

Singe mir ein Lied

Singe mir ein Lied über die guten Taten
Weder über Krieg noch über Handgranaten
Wo es weder Stress gibt noch Zeit noch Uhr
Ein Lied über die heilende Natur.

Singe mir ein Lied von schönen Tagen
Wo die zähen Menschen niemals klagen
Singe mir ein Lied vom Meeresstrand
Wo die Wogen spielen mit dem Sand.

Singe mir ein Lied von schönen Frauen
Die aufrichtig den Männern trauen
Singe mir ein Lied von diesen Pärchen
Von treuen Schwänen und von den Lerchen.

Singe mir von Lerchen, die am Boden brüten
Die den Triller wie den Augapfel hüten
Die mit Gesang in die Höhe fliegen
Die im hohen Gras die Küken kriegen.

Singe mir ein Lied von einem Held
Der einst retten wird die kranke Welt
Von den Armen und von den Reichen
Die einander die Hände reichen.

Von Menschen, die nimmer wetten
Von Starken, die Schwache retten
Von Seelen, die nicht verderben
Von Kindern, die niemals sterben.

Wo Vater und Mutter
lange leben
Wo Kinder sie
ohne Murren pflegen
Wo gute Werke
weder zum Erliegen kommen
noch versagen
Wo Eltern Kinder
durch Morgen
Kinder Eltern
durch Abend tragen.

Du sollst nicht quälen

Er hält fest in seiner Hand
einen stumpfen Gegenstand.
Er möchte das Tier erledigen
ohne das Fell zu beschädigen.

Es bildet sich stets
eine blutige Blase!
Von den ständigen Schlägen
auf die Nase!
Es spritzt das unschuldige Blut
es schreit das Tier!
Außer Rand und Band
ist die menschliche Gier!
Ich muss mit dem Tier
so schrecklich leiden!
Darum kann ich nicht mehr
weiter schreiben!

Die Tauben

Die Tauben, die in den Städten uns plagen
Sie haben halt manche Gebäude geschädigt
Zum Schutze der Tauben muss man wohl sagen
Sie haben einst blitzschnell die Luftpost erledigt.

Dann wurde das Flugzeug geboren
Die Brieftaube wurde entlassen
Sie hat ihre Arbeit verloren
Seitdem spaziert sie arbeitslos durch die Gassen.

Die städtischen Tauben stammen von Brieftauben ab
Man hat die Brieftauben prompt wegrationalisiert
Sie kriegen Gift, man möchte die Tauben, sehen im Grab
Manche Taube ist des Giftes wegen qualvoll krepiert.

Man bekommt gewiss so langsam den Koller
Es zählt der Rubel, der Euro, der Dollar
Wird Mensch oder Tier morgen nicht mehr gebraucht
Dann wird nur noch gebellt, geflucht und gefaucht
Dann ist man eben nur ein lästiger Rauch
So sind halt die Sitten, so ist der Gebrauch
Der „Rauch" soll verschwinden, er soll ziehen nach draußen
Soll er doch in der Gosse vegetieren und hausen.

Dann werden die Fenster ganz weit aufgerissen
Man wird aus dem Fenster als Abfall geschmissen
So ist es halt mein lieber Freund, mein lieber Genosse
Die arbeitslose Taube spaziert in der Gosse.

Es war nur fleischliche Lust

Er: Du hast mich hintergangen, du hast mich belogen!
Mit einem anderen Mann, hast du mich betrogen!
Sie: Der andere Mann war für den Körper gewesen
Das Herz und die Seele konnte er nicht genesen
Ich habe halt mein Herz in deinem Herzchen versenkt!
Ich habe auch einst dir meine Seele geschenkt!
Dich zu verlieren, wäre ein schlimmer Verlust
Mein Herz und die Seele, sind bei dir in der Brust
Weis mich nicht ab, stoß mich nicht ins Verderben!
Solltest du gehen, so werde ich sterben!
Ich habe dich nicht betrogen, das habe ich immer gewusst
Glaub mir, mit dem anderen Mann, das war nur fleischliche Lust!!
Ich kann nur dich lieben, du sollst mich nicht hassen
Solltest du aber mich verstoßen, verlassen
Dann werde ich vertrocknen, ich werde stets verderben
Ohne mein Herz und meine Seele werde ich sterben
Dann wird der Tod bei mir vorbeischauen bald
Denn mein Herz und Seele sind in deiner Gewalt
Solltest du eines Tages den Weg des Abschiedes nehmen
So werde ich meine Seele und mein Herz niemals mehr sehen
Ich werde mein Herz und die Seele verlieren
Vor Kummer und Sehnsucht elend krepieren
Ich bin in der Bredouille, ich bin in der Not
Ohne Herz und Seele bin ich geweiht von dem Tod

Man wird meinen Körper ohne Herz und Seele
begraben
Mein Herz wird aber neben deinem stets liebevoll
schlagen.

*Die Tiere und der Mensch**

Macht das Fliegen überhaupt einen Sinn
Ohne den Kompass, ohne Navigation?
Die Vögel, sie fliegen, sie wissen wohin
Sie fliegen zur afrikanischen Nation.

Den Zeitpunkt des Abflugs dürfen sie nicht verpassen
Sie haben Europa noch rechtzeitig verlassen
Sie möchten dem Frost nicht ausgeliefert sein
In Afrika herrscht Wärme und Sonnenschein.

Menschen maßen sich an, gescheiter als Tiere zu sein
Gescheiter als Vogel, Ratte, Katze, Hund oder Schwein
Hund kann besser riechen, er kommt schnell auf die Spur
Der Hund kennt auch die Zeit, er braucht keine Uhr.

Der Mensch tut seit Jahren Ratten mit Gift versorgen
Er wäre schon längst des Giftes wegen gestorben
Auch gegenüber den Vögeln, würde er sich blamieren
Denn der Mensch kann ohne Kompass, sich kaum orientieren.

*Die Tiere können einiges, was der Mensch nicht kann, darum soll er sie mit Respekt behandeln.

Adieu

Würdest du morgen mit mir beten?
Würdest du morgen bei mir sein?
Würdest du morgen meiner pflegen?
Lass mich doch bitte nicht allein!

Bald wird die Seele Flügel kriegen
Die Seele geht für immer fort
Bald wird sie Richtung Himmel fliegen
Zu einem unbekannten Ort.

Die Krankheit ließ sich nicht vermeiden
Bald wird sie nehmen mir die Luft
Mich wird verlassen mein schweres Leiden
Sobald ich lande in der Gruft.

Gute Nacht

Sie liegen hier ruhig
Grab an Grab
egal welcher Nation
der Hof ist friedlich
es ist halt eben
die letzte Station.

Ihr habt euch einst getrennt
von Hab und Gut
die Trennung ist vollzogen
sie ist vollbracht
Ruht und schlaft in Frieden
ich wünsche euch allen
eine gute Nacht.

Wer nicht lachen kann, der muss es lernen

Du weinst seit Stunden
du weinst seit Tagen
Das Weinen schlägt
dir auf den Magen
Die Tränen fließen
über das Herz und Wangen
Du hast dich im Netz
der Trauer verfangen.

Du musst dich
ab sofort entscheiden
Du sollst das Heulen
bitte meiden
Das Lachen kann
die Seele heilen
Zum Lachen gibt es
immer einen Grund
Es therapiert
es heilt
es macht gesund.

Mammon hatte dich in seiner Gewalt

Hast du einst dem Sterbebett dich verschrieben
So kannst du auf einmal ruhig liegen
Ohne Arbeit, ohne Stress
Ohne Meeting und Kongress.

Jetzt musst du nicht nach Wohlstand streben
Jetzt bist du froh, den Po zu heben
Der Mammon hat dich lebenlang betrogen
Er hat dich stets über den Tisch gezogen.

Du wolltest einst voller Stolz sagen: „Ich bin reich!“
Darum nahmst du das Geld und nicht Zeitausgleich.

Du hast dem Mammon treu gedient
Und dadurch sehr viel Geld verdient
Bald hast du im Himmel deinen Platz
Das verruchte Geld ist für die Katz!

Die Dunkelheit und das Ewige Licht

Die dunkle Nacht zog ihren Schleier
Über den grauen Berg Elbrus
Über das Meer und über Weiher
Über den Bach und über den Fluss.

Es wurde frisch, es kam der Wind
Die Wölfe heulten in die Nacht hinein
Wo bist du denn, mein liebes Kind?
Ich suche dich, wo kann mein Kindlein sein?

Auf einmal höre ich mein Kind ganz bitter weinen
Es ruft: „Vater, Vater, hilf doch mir!“
Der Böse mit scharfen Krallen und langen Beinen
Schleppt das arme Kind in sein Revier.

Tief unter der Erde in der Gruft
Wo herrscht der Schimmel und schlechte Luft
Wo die Hexe mit dem Besen
Lebt zusammen mit dem Bösen
Wo Mäuse Furcht haben vor den Eulen
Wo Kinder vor Angst und Heimweh heulen
In diese Gruft hat man mein Kind geschmissen
Denn das Ungeheuer hat kein Gewissen.

Hexe und der Böse tun oft sich vergnügen
Trotzdem können die zwei keine Kinder kriegen
Die Hexe und der Böse sind große Sünder
Darum bekommen sie keine Kinder.

Wir dürfen keine Zeit verlieren
Jetzt muss doch endlich was passieren
Wir brauchen Helle, wir brauchen Licht
Um zu besiegen Hexe und Bösewicht.

Der Engel kam zu uns geflogen
Er hat die Fackel in der Hand
Der Bösewicht hat sich verzogen
Die Helle kam in unser Land!

Ich konnte mein Kind deutlich sehen
Zwischen den Bergen, im Sonnenschein
Dann musste es wahrscheinlich gehen
Und ich war halt wieder ganz allein.

Ich rührte mich nicht von der Stelle
Die Hoffnung band mich am Berge fest
Und als dann kam die Engelshelle
Stand mein Kind hoch auf dem Podest.

Ich kann mein Kindlein ganz deutlich sehen
Voller Freude ist sein Gesicht
Das Gute konnte auferstehen
Die Nacht ist fort, es herrscht das Licht!

Auf der Suche nach dem Bukett

Deine Füße ließen mein Herz schneller schlagen
Ich wurde mutig, ich wollte es mal wagen
Etwas weiter halt nach oben zu gehen
Ich wollte ein bisschen mehr von dir sehen.

Deine Waden waren wie zwei Vasen
Sie brachten plötzlich mein Herz zum Rasen
In den Vasen befand sich ein Blumenstrauß
Ich wollte ihn sehen, ich musste hinaus.

Ich habe die Finger sachte und behutsam geschoben
Sie verließen die Vasen, sie gingen langsam nach oben
Brennende Neugier, sie trieb, sie gab mir keine Ruh‘
Der Strauß war verborgen, das Kleid deckte ihn zu.

Ich war ziemlich schüchtern, ich war ziemlich scheu
Der Strauß eben frisch, er war eben neu
Die Angst, sie ist verschwunden, das Herz konnte sie zähmen
Paar Blümchen vom Strauß, konnte ich endlich mal sehen
Als Schenkel und Po, waren in meiner Hand
Verlor ich unerwartet meinen Verstand.

Mir wurde es schwindlig, so was hatte ich noch nie
Mein Organismus, er bebte, ganz weich sind die Knie
Das Kleid geht nach oben, der Strauß gewinnt an Gestalt
Ich muss immer weiter und weiter, es gibt keinen Halt!

Männer müssen immer gucken

Die schönste Frau auf dieser Welt
Sie war ein Krieger, sie war ein Held
Der Gegner hatte laut gelacht
Denn eine Frau zog in die Schlacht.

Man war schockiert, man war empört
Als Janna zog das scharfe Schwert
Beim Gegner war das Lachen schnell vorbei
Als Janna aus einem machte zwei.

Männer waren in Trance, hypnotisiert!
Von Jannas Brust begeistert, fasziniert!
Es war leider ihnen nicht bewusst
Wie gefährlich war die nackte Brust.

Man kann die Männer nur schwer verstehen
Sie müssen gucken, sie müssen sehen
„Schau, da ist die Brust, sie ist nackt!“
Schon hat man den Kopf ihm abgehackt.

So schön wie die Venus

Du kamst zu mir, ich war allein
Wir aßen Obst, wir tranken Wein
Dein Organismus ist nicht eckig, er ist rund
Deine Wangen sind rosa, dein Leib ist gesund
Du legtest deine Hand um meinen Arm
Es wurde um das Herz so richtig warm.

Du schenkst mir einen süßen Blick
Dein Po ist stramm, die Beine dick
Deine Brust hat zu wenig Platz
Du machst mich wahnsinnig, mein Schatz!

Deine Figur ist nämlich
Der Venus ziemlich ähnlich.

Frauen sind die besseren Menschen

Männer haben das Evangelium verraten
Sie haben Menschen auf dem Feuer gebraten
Sie brachten den Menschen unermessliches Leiden
Die christlichen Männer waren schlimmer als
Heiden.

Die Männer sind Verbrecher, sie sind halt Sadisten
Sie sind nicht in der Lage zu leben wie Christen
Wären Frauen am Ruder gewesen
So hätte man nicht paktiert mit dem Bösen.

Bis heutzutage klebt an der Kirche die Schande
Die Männer sind eben eine herzlose Bande
Mit dem Stein um den Hals mussten Menschen
ersaufen
Oder elend verbrennen auf dem Scheiterhaufen.

Jesus sagte: „Du sollst deinen Nächsten lieben"
Männer aber, haben Schindluder getrieben
Die Männer verdienen keinen Respekt
Sie haben Kirche beschmutzt und befleckt.

Männer waren arg ängstlich, sie ließen Jesus alleine
Als der Tempel zerfiel in Asche und winzige Steine
Ergriffen sie die Flucht, sie machten sich auf die
Beine
Frauen sind geblieben sie wichen nicht von der
Stelle
Bis der Morgen vertrieb, die dunkle Nacht mit der
Helle

Als die Glocken schlugen, die gefürchtete Stunde
Nahmen sie Jesus vom Kreuz und salbten die
Wunde.
Sie wickelten ihn in Tücher, sie gaben das letzte
Geleit
Gewiss, wissen die ängstlichen Männer Bezug des-
sen Bescheid
Die Männer sind klein, sie sind gar nicht groß
Sie kriegen den Schandfleck niemals mehr los
Sie versuchen ihn zu vertuschen, sie möchten ihn
verdrängen
Der Schandfleck bleibt an den Männern, bis in die
Ewigkeit hängen.

Männer haben nicht nur die Kirche diskreditiert
Sie haben auch den Kommunismus praktiziert
Auch der Faschismus war dem Manne nicht fremd
Denn er trug das schwarze und das braune Hemd.

Die Männer sind in ihrem Denken beschränkt
Sie haben unschuldige Menschen gehängt
Sie haben unschuldige Menschen, verbrennen lassen
Haben die Frauen das Recht, die Männer zu hassen?

Die Palette des Verbrechens, ist bei ihnen sehr groß
Sie kleben immer noch am Sessel, sie spielen den
Boss
Dem Anstand und Moral zeigen sie leider keine
Treue
Sie baten weder um Vergebung noch zeigten sie
Reue!

Verrucht, verkommend und beschämend sind die
männlichen Sitten
Männer müssen bei den Frauen, um Entschuldigung
bitten
Sollten Männer einst nach Vernunft und Barmherzigkeit streben
So werden die Frauen, ihnen sehr gerne vergeben.

Der letzte Tag

Seit Tagen
war die Sonne bleich
Wir dachten
das ist nur ein Streich
Wir dachten
das ist ein Gag
Auf einmal war
die Sonne weg.

Man hat gestohlen
man hat geraubt
An die Macht
des Geldes
stets geglaubt
Am Jüngsten Tag
wurde das Leben
nach der Schrift
erloschen
An diesem Tag
verlor man das Geld
bis zum letzten
Groschen.

Allerheiligen, Allerseelen

Wir haben Herbst
wir haben schlechtes Wetter
Wir werden fortgefegt
wie gelbe Blätter
Wir fliegen geradeaus
wir fliegen Karussell
Der traurige Herbst
malt stets mit Aquarell
Der Herbst
er malt mit nassen Farben
Wir sterben jetzt
–und die schon starben
Zu ihnen
werden wir getrieben
Dort werden wir
in Frieden liegen
Wir haben an die Lebenden
nur eine Bitte
Kommt zu Allerheiligen
in unsere Mitte
Die unter den Lebenden
stets noch weilen
Sie können den Schmerz
der Trennung heilen
Indem sie in die Hand
nehmen den Pilgerstab
Und besuchen des Vaters
und des Bruders Grab.